BEI GRIN MACHT SICH IHR WISSEN BEZAHLT

- Wir veröffentlichen Ihre Hausarbeit, Bachelor- und Masterarbeit

- Ihr eigenes eBook und Buch - weltweit in allen wichtigen Shops

- Verdienen Sie an jedem Verkauf

Jetzt bei www.GRIN.com hochladen und kostenlos publizieren

Annette Ranz

Maya und Azteken: Zwei Kulturen, zwei Epochen – ein Schicksal?

Bibliografische Information der Deutschen Nationalbibliothek:

Die Deutsche Bibliothek verzeichnet diese Publikation in der Deutschen Nationalbibliografie; detaillierte bibliografische Daten sind im Internet über http://dnb.d-nb.de/ abrufbar.

Dieses Werk sowie alle darin enthaltenen einzelnen Beiträge und Abbildungen sind urheberrechtlich geschützt. Jede Verwertung, die nicht ausdrücklich vom Urheberrechtsschutz zugelassen ist, bedarf der vorherigen Zustimmung des Verlages. Das gilt insbesondere für Vervielfältigungen, Bearbeitungen, Übersetzungen, Mikroverfilmungen, Auswertungen durch Datenbanken und für die Einspeicherung und Verarbeitung in elektronische Systeme. Alle Rechte, auch die des auszugsweisen Nachdrucks, der fotomechanischen Wiedergabe (einschließlich Mikrokopie) sowie der Auswertung durch Datenbanken oder ähnliche Einrichtungen, vorbehalten.

Impressum:

Copyright © 2010 GRIN Verlag GmbH
Druck und Bindung: Books on Demand GmbH, Norderstedt Germany
ISBN: 978-3-656-19214-5

Dieses Buch bei GRIN:

http://www.grin.com/de/e-book/193831/maya-und-azteken-zwei-kulturen-zwei-epochen-ein-schicksal

GRIN - Your knowledge has value

Der GRIN Verlag publiziert seit 1998 wissenschaftliche Arbeiten von Studenten, Hochschullehrern und anderen Akademikern als eBook und gedrucktes Buch. Die Verlagswebsite www.grin.com ist die ideale Plattform zur Veröffentlichung von Hausarbeiten, Abschlussarbeiten, wissenschaftlichen Aufsätzen, Dissertationen und Fachbüchern.

Besuchen Sie uns im Internet:

http://www.grin.com/

http://www.facebook.com/grincom

http://www.twitter.com/grin_com

Bachelorarbeit über das Thema

Maya und Azteken –
Unterschiede und Gemeinsamkeiten zweier mesoamerikanischer
Hochkulturen

dem Prüfungsamt bei der

Johannes Gutenberg-Universität Mainz

Fachbereich Translations-, Sprach- und Kulturwissenschaft

in Germersheim

vorgelegt von

Annette Ranz

Prüfungstermin: SS 2010

Inhaltsverzeichnis

1 Einleitung 2
2 Kulturhistorische Einbettung 3
   2.1 Mesoamerika 3
   2.2 Gemeinsame Wurzeln von Maya und Azteken: Die Olmeken 3
   2.3 Maya 4
      2.3.1 Begriffsklärung 4
      2.3.2 Das Land 4
      2.3.3 Zeitliche Einteilung 5
      2.3.4 Die Entwicklungsgeschichte der Maya 6
      2.3.5 Aktueller Wissensstand 8
   2.4 Azteken 9
      2.4.1 Begriffsklärung 9
      2.4.2 Das Land 9
      2.4.3 Zeitliche Einteilung 10
      2.4.4 Die Entwicklungsgeschichte der Azteken 11
      2.4.5 Aktueller Wissensstand 12
   2.5 Fazit 13
3 Kultur, Gesellschaft und Religion auf ihrem Höhepunkt 17
   3.1 Maya 17
      3.1.1 Die Struktur des Reiches 17
      3.1.2 Die gesellschaftliche Ordnung 18
      3.1.3 Kalender 20
      3.1.4 Schrift und Zahlensystem 20
      3.1.5 Religion und Kult 22
      3.1.6 Menschenopfer 23
   3.2 Azteken 25
      3.2.1 Die Struktur des Reiches 25
      3.2.2 Die gesellschaftliche Ordnung 26
      3.2.3 Kalender 29
      3.2.4 Schrift und Zahlensystem 29
      3.2.5 Religion und Kult 29
      3.2.6 Menschenopfer 31
   3.3 Fazit 32
4 Der Untergang einer Hochkultur 37
   4.1 Maya 37
      4.1.1 Niedergang der Maya-Hochkultur am Ende der Klassik 37
         4.1.1.1 Fremde Eindringlinge 37
         4.1.1.2 Interne Ursachen 39
      4.1.2 Die Conquista 40
   4.2 Azteken 42
      4.2.1 Die Conquista 42
   4.3 Fazit 45
5 Maya und Azteken heute 46
6 Schlussbetrachtung 47
7 Quellenverzeichnis 49

1 Einleitung

Die meisten Menschen heutzutage werden vermutlich schon von den Maya und Azteken gehört haben, obgleich die meisten sie wahrscheinlich nicht genau einzuordnen vermögen. Man weiß im Allgemeinen, dass es sich hierbei um zwei indianische Hochkulturen handelt, die nach der Eroberung Amerikas durch die Europäer wie alle anderen indianischen Kulturen dem Untergang anheim fielen. Manche wissen vielleicht auch noch, dass beide in Mexiko angesiedelt waren. Vermutlich haben viele, bedingt durch die mediale Aufmerksamkeit, welche diesem im Verlauf des letzten Jahres zuteil wurde, inzwischen vom berühmten Kalender der Maya gehört. Viel mehr weiß man jedoch gemeinhin nicht. Wenn man hört, dass beide in Mexiko lebten, so fragt man sich vielleicht: Wie war es möglich, dass zwei so hoch entwickelte Kulturen in derselben Region nebeneinander existieren konnten? Oder lebten sie dort vielleicht zu unterschiedlichen Zeiten? Was waren die Unterschiede und Gemeinsamkeiten dieser Völker? Wie genau ging ihr Untergang vonstatten und existieren ihre Nachkommen noch heute? Auf diese Fragen möchte ich in der folgenden Bachelorarbeit versuchen, Antworten zu geben, wobei ich jeweils zuerst über die Maya und danach über die Azteken berichten und am Ende jedes Kapitels die beiden Hochkulturen einander gegenüberstellen werde. Mein erster Punkt hierbei wird die kulturhistorische Einbettung sein, wobei ich auf folgende Fragen eingehen werde: Was genau ist Mesoamerika? Wer oder was waren die Maya bzw. die Azteken und wo und wann lebten sie? Wie haben sie sich entwickelt, und haben sie gemeinsame Wurzeln? Wie verlässlich sind überhaupt die Daten, die wir über diese Völker haben? Im nächsten Punkt, welcher der wichtigste meiner Arbeit ist, werde ich über Kultur, Gesellschaft und Religion auf dem Höhepunkt ihrer Entwicklung berichten, wobei ich mich hierbei mit der Struktur des Maya- bzw. Aztekenreiches, der gesellschaftlichen Ordnung, Schrift-, Zahlen- und Kalendersystem sowie mit Religion, Kult und Menschenopfern beschäftigen werde. Im nächsten Kapitel werde ich mich mit dem Untergang dieser einzigartigen Kulturen auseinandersetzen, wobei der Untergang der Maya im Gegensatz zu dem der Azteken in zwei Etappen vonstatten ging. Zum Schluss werde ich noch kurz die Situation der Indianer nach der Conquista sowie deren heutige Situation anreißen, wobei ich bei diesem letzten Punkt im Gegensatz zu den früheren Kapiteln Maya und Azteken gemeinsam behandeln werde.

2 Kulturhistorische Einbettung

2.1 Mesoamerika

Mesoamerika bezeichnet den Kulturraum auf der mittelamerikanischen Landbrücke, in welchem sich eine Anzahl von Hochkulturen befand, unter ihnen die Maya, Azteken, Tolteken und Olmeken, welche trotz aller Unterschiede eine gemeinsame Kulturgeschichte hatten und somit einen einheitlichen Kulturraum bildeten. Diese Hochkulturen siedelten dort zwischen ca. 1500 v. Chr. bis zur Eroberung Lateinamerikas durch die Spanier im 16. Jahrhundert (vgl. Mexiko-Lexikon: Mesoamerika).

2.2 Gemeinsame Wurzeln von Maya und Azteken: Die Olmeken

Die olmekische Kultur im Osten des heutigen Mexiko war die erste Hochkultur des präkolumbianischen Amerika (vgl. Indianer-Welt: Die Kultur der Olmeken). Sie entstand vor über 3000 Jahren, wobei ihre Hochblüte vermutlich zwischen 1200 v. Chr. und 400 v. Chr. war. Sie gilt als Grundstein aller weiteren mesoamerikanischen Hochkulturen (vgl. Mexiko-Lexikon: Olmeken), da die Olmeken die Urheber der wichtigsten Erfindungen des präkolumbianischen Amerika waren (vgl. Indianer-Welt: Die Kultur der Olmeken). Die Forschung vermutet, dass auf die Olmeken auch die Kalendersysteme sowie das Schrift- und Zahlensystem der Maya und Azteken zurückgehen. Hinzu kommt, dass die Olmeken die Tradition des rituellen Ballspiels hatten, welches auch bei den Maya und Azteken von großer Bedeutung war und auf welches ich in den Kapiteln 3.1.5 und 3.2.5 noch detailliert eingehen werde (vgl. Mexiko-Lexikon: Olmeken, Riese 2002: 51-53 und Prem 1999: 32). Interessant ist hier auch der religiöse Aspekt: Sowohl bei den Maya als auch bei den Azteken war der Gott des Regens von großer Bedeutung (vgl. Indianer-Welt: Maya - Mythologie und Prem 1999: 55). Man vermutet, dass diese Regengötter auf ein bedeutendes Wesen der olmekischen Mythologie zurückgehen könnten, welches ein Mischwesen aus Mensch und Jaguar war. Auch Quetzalcoatl, welcher bei Maya und Azteken gleichermaßen verehrt wurde, war ein Gott der Olmeken (vgl. Indianer-Welt: Die Kultur der Olmeken, Mexiko-Lexikon: Kukulcán und Prem 1999: 54). Überdies scheinen auch die Olmeken bereits Menschenopfer dargebracht zu haben, was später auch von anderen Hochkulturen wie den Azteken und den Maya praktiziert wurde (wobei sich die Forschung hierüber nicht ganz einig ist, siehe 3.1.6) (vgl. Mexiko-Lexikon: Olmeken und Mexiko-Lexikon: Menschenopfer). Die Olmeken trieben mit anderen Völkern Handel und kamen dabei vermutlich sogar bis nach Guatemala, El Salvador und Costa Rica. Dies erklärt, warum sich ihre Kultur so weit verbreiten und solch einen großen Einfluss auf Völker haben konnte, die gar nicht in ihrem direkten Einflussgebiet lebten (vgl. Indianer-Welt: Die Kultur der Olmeken). Aufgrund des differenzierten Religionssystems der Olmeken sind einige Forscher jedoch der Meinung, dass die Entwicklung der epi-olmekischen Kulturen nicht nur auf eine Vertiefung der Handelsbeziehungen mit den Olmeken zurückzuführen sei, sondern auch auf eine mögliche Missionierung durch diese. Diese Annahme ist jedoch nicht gesichert (vgl. Riese 2002: 25-27).

Nachdem um das Jahr 400 v. Chr. herum die Hauptstadt der Olmeken zerstört worden war, neigte sich deren Blütezeit schließlich dem Ende zu (vgl. Riese 2002: 27 und Mexiko-Lexikon: Olmeken).

2.3 Maya

2.3.1 Begriffsklärung

Die Maya-Indianer selbst bezeichneten sich als *Menschen aus Mais*, ein Begriff, der aus dem Popol Vuh stammt (vgl. Mexiko-Lexikon: Menschen aus Mais). Das Popol Vuh erzählt die Geschichte der Quiché-Maya[1] von der Erschaffung der Welt bis zur Ankunft der Spanier (vgl. Mexiko-Lexikon: Quiché). Am Anfang des Werkes wird berichtet, wie die Schöpfer der Welt mehrmals versuchten, Menschen zu schaffen, zuerst aus Ton und danach aus Holz; doch sie vernichteten beide Versuche wieder. Schließlich schufen sie vier Männer und vier Frauen aus Mais, welche die ersten Menschen und die Urahnen der Quiché wurden (vgl. Taube 1994: 92-107).

2.3.2 Das Land

Die Maya-Indianer lebten im Süden und Südosten Mexikos sowie in Guatemala, Belize und im Westen von El Salvador und Honduras; das gesamte Gebiet hat eine Größe von ca. 350 000 km^2 (vgl. Die Indianer in Nord-, Mittel- und Südamerika: Die Maya – Aufstieg und Fall der Maya-Staaten und Mexiko-Lexikon: Maya (Hochkultur) – Geographische Eingrenzung der Mayawelt) und ist somit in etwa der Größe Deutschlands ähnlich. Im Norden des Gebiets liegt die ins Karibische Meer hineinragende Halbinsel Yukatan. Im Süden befinden sich die Hochländer von Chiapas, Honduras, Guatemala und El Salvador, welche die Landverbindung zwischen dem nördlichen Mesoamerika und Zentralamerika darstellen. Die westliche Grenze bildet der Río Grijalva im heutigen mexikanischen Bundesstaat Chiapas. Die Grenze im Südosten ist hingegen nicht genau bestimmbar. Sie verläuft in etwa entlang

---

[1] Die Quiché waren eine Großgruppe der Maya in der Epoche der Klassik. Sie lebten im Hochland im Gebiet des heutigen Guatemala (vgl. Mexiko-Lexikon: Quiché).

des Westrandes des Río Ulua-Tales im heutigen Honduras und biegt nach Südwesten hin zum Pazifischen Ozean ab, welcher die südlichste Grenze bildet (vgl. Riese 2002: 9).

Das Maya-Gebiet befindet sich in den gemäßigten Tropen. Im nördlichen Teil Yukatans wächst jedoch aufgrund des sehr niedrigen und ungleich verteilten Niederschlages sehr wenig, sodass die Vegetation dort durch eine Dornbuschsteppe geprägt ist. Obwohl das südliche Tiefland im Gegensatz dazu heute von tropischem Regenwald bewachsen ist (soweit dieser nicht durch Rodung zerstört worden ist), befand sich dort in der Vergangenheit eine Wald- und Savannenlandschaft (vgl. Riese 2002: 9).

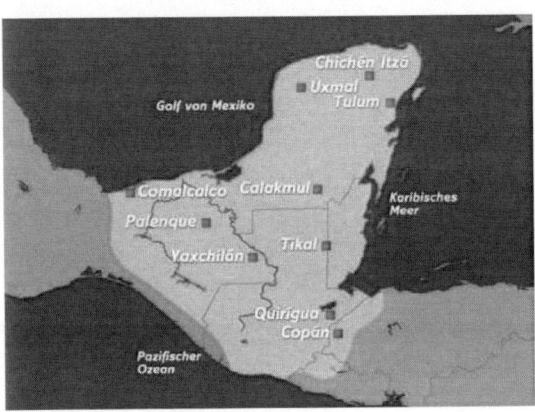

(Planet Wissen: Politik/Geschichte: Maya – ein ewiges Rätsel)

2.3.3 Zeitliche Einteilung

Die Geschichte der Maya kann in drei Epochen eingeteilt werden (vgl. Mexiko-Lexikon: Maya Epocheneinteilung): die Vorklassische Periode (1500 v. Chr. bis 250 n. Chr.), die Klassik (250 bis 900 n. Chr.) und die Postklassik (900 bis 1541 n. Chr.) (vgl. Mexiko-Lexikon: Maya (Hochkultur) – Zeitliche Abschnitte).

<u>Die Vorklassische Periode (1500 v. Chr. bis 250 n. Chr.)</u>

Während des Frühen Vorklassikums (1500 bis 900 v. Chr.) gründeten die Olmeken, welche großen Einfluss auf die Maya hatten und als deren geistige Urväter bezeichnet werden können, die ersten Königreiche. Dies waren die ersten komplexeren politischen Systeme des gesamten amerikanischen Kontinentes. Die Jahre von 900 bis 300 v. Chr., die Zeit des Mittleren Vorklassikums, waren der Beginn von komplizierterer Architektur. Es kam zur Entwicklung einer Hieroglyphenschrift und eines Kalendersystems und zur Entstehung von

Astronomie und Mathematik. Ab dem Späten Vorklassikum (300 v. Chr. bis 250 n. Chr.) wurde der König nicht mehr nur als Herrscher, sondern als Verbindung zwischen der Welt der Menschen und der der Götter betrachtet. Zudem bildete sich eine Adelsschicht heraus und die Gesellschaftsstruktur differenzierte sich zunehmend (vgl. Mexiko-Lexikon: Maya (Hochkultur) – Zeitliche Abschnitte).

Die Klassik (250 bis 900 n. Chr.)
Die Klassik war die absolute Blütezeit der Maya-Kultur. Im Zentrum des Reiches wurden gigantische Stadtstaaten gebaut, die Kultur war höchst entwickelt, die Wissenschaft hatte einen hohen Status und auch im Bereich des Handwerks kam es zu immer neuen Entwicklungen. Es wurden gigantische Tempel gebaut und die Architektur schwang sich zu immer neuen Höhen auf. Im 8. Jahrhundert befand sich die Maya-Kultur auf ihrem absoluten Höhepunkt; im 9. Jahrhundert wurden jedoch alle Städte des zentralen Tieflandes verlassen und die einstige Hochkultur dort verging (vgl. Mexiko-Lexikon: Maya (Hochkultur) – Zeitliche Abschnitte). Auf die genauen Gründe hierfür werde ich in Kapitel 4.1.1 eingehen.

Die Postklassik (900 bis 1541 n. Chr.)
Ab Beginn des 10. Jahrhunderts wanderten immer mehr Maya in die Zentren des nördlichen Tieflandes ein, nachdem die klassische Hochkultur des zentralen Tieflandes zusammengebrochen war. Nachdem im Jahr 1492 Columbus auf dem amerikanischen Kontinent gelandet war, dauerte es nicht lange, bis die ersten Spanier auf Yukatan eintrafen und die Kultur der Maya gegen Mitte des 16. Jahrhunderts endgültig dem Untergang anheim fiel (vgl. Mexiko-Lexikon: Maya (Hochkultur) – Zeitliche Abschnitte).

2.3.4 Die Entwicklungsgeschichte der Maya

Zwischen 2500 und 2000 v. Chr. wurden an der Pazifik- und Karibikküste die ersten Siedlungen des späteren Maya-Gebietes gegründet. Diese waren noch relativ klein und waren vermutlich von nicht mehr als jeweils zwanzig Familien bewohnt. Woher diese ersten Siedler kamen, ist nicht bekannt (vgl. Riese 2002: 20).

Die Neolithisierung des Maya-Gebietes, also der Prozess der Sesshaftwerdung und der Beginn von Ackerbau, vollzog sich keineswegs schnell, sondern erstreckte sich im Gegenteil über ein Jahrtausend, weshalb man hier nicht von einer neolithischen Revolution sprechen kann. Die hochentwickelte Zivilisation, für welche die Maya so berühmt sind, entwickelte sich also sehr langsam (vgl. Riese 2002: 21-23).

Die Frühgeschichte der Maya lässt sich in groben Zügen in etwa folgendermaßen darstellen: Bis ca. 1500 v. Chr. lebte im Hochland von Guatemala eine kleine Gruppe von Indianern, die man als Ur-Maya bezeichnen kann. Zu dieser Zeit spaltete sich ein Teil der Bevölkerung von den Ur-Maya ab, wanderte nach Norden und ließ sich auf der Halbinsel Yukatan nieder. Diese Gruppe stellte den Ursprung der *Mayat'an*-Sprecher, also jener indianischen Gruppen, welche der Sprache der Maya mächtig waren, dar. Nur kurze Zeit später verließ eine zweite Gruppe den Stamm und wanderte zuerst an die Golfküste, welche zu dieser Zeit von den Olmeken beherrscht war. Später wanderte sie nach Norden in das Gebiet, welches heute die Grenze zwischen den mexikanischen Bundesstaaten Tamaulipas und Veracruz bildet. Bei dieser Gruppe handelte es sich um die so genannten Huaxteken[2]. Für sie hatte ihre Abspaltung von den Ur-Maya jedoch zur Folge, dass sie nicht an deren kultureller Entwicklung teilhatten. Das Urwaldgebiet am Abhang der Kordilleren wurde als letztes besiedelt. Ein möglicher Grund hierfür ist wahrscheinlich, dass dieses für die Landwirtschaft nicht sonderlich geeignet war. Mit der Besiedlung dieser Region durch die so genannten Chol-Maya war um das Jahr 500 v. Chr. bereits das gesamte Gebiet, in dem die Maya für die nächsten 2000 Jahre leben würden, besiedelt (vgl. Riese 2002: 23/24).

Die Indianer im Inneren Yukatans und an den Küsten sowie in den angrenzenden Gebieten lebten zunächst relativ einfach, und mehrere Jahrhunderte lang waren keine Anzeichen von der Entwicklung der Hochkultur, die hier einmal entstehen sollte, zu bemerken. Dennoch waren diese Indianer direkte Vorfahren der Maya und sprachen bereits Vorformen heutiger Maya-Sprachen. Erst um das Jahr 800 v. Chr. herum ist im Maya-Gebiet eine spürbare Weiterentwicklung zu einem komplexeren Gesellschaftssystem sowie ein wirtschaftlicher Aufschwung zu bemerken, zu einer Zeit, in der ganz Mesoamerika von einer zweiten Blütephase der olmekischen Kultur ergriffen wurde. Man vermutet, dass die Olmeken der Auslöser für diesen Aufschwung waren, da im Maya-Gebiet mit den Olmeken Handel getrieben wurde. Durch die Beschäftigung mit den olmekischen Erzeugnissen wurden gleichzeitig auch die eigenen künstlerischen und intellektuellen Fertigkeiten verbessert (vgl. Riese 2002: 25).

Die erste Dynastie des Maya-Tieflandes wurde vermutlich um das Jahr 200 n. Chr. herum in Tikal gegründet. Im Abstand von einigen Jahrzehnten kam es auch an anderen Orten zur Gründung eines Herrschergeschlechtes; insgesamt dauerte der Prozess der Dynastiegründungen knapp 200 Jahre lang an. Am Ende dieser Zeit schließlich hatte sich im gesamten Tiefland eine Vielzahl kleiner Fürstentümer etabliert (vgl. Riese 2002: 40).

---

[2] Huaxteken: Weitgegend eigenständige Hochkultur, welche jedoch im Gegensatz zu anderen mesoamerikanischen Kulturen über keine Hieroglyphenschrift verfügte (vgl. Mexiko-Lexikon: Huaxteken).

2.3.5 Aktueller Wissensstand

Als die Europäer zum ersten Mal das Maya-Gebiet betraten, war die Blütezeit dieser Hochkultur schon seit Jahrhunderten vorbei, ein Umstand, der es der Forschung erschwert, etwas über diese zu erfahren, da die Spanier als Augenzeugen somit wegfallen (vgl. Die Indianer in Nord-, Mittel- und Südamerika: Die Maya – Aufstieg und Fall der Maya-Staaten). Es gibt jedoch auch noch andere Methoden, sich Wissen über die Maya anzueignen. Gegen Ende des 18. Jahrhunderts wurde das Interesse der Wissenschaft für die Kultur der Maya geweckt, als gewaltige Ruinenstädte gefunden wurden. Zu Beginn des 20. Jahrhunderts begann man dann damit, diese auszugraben. Außerdem gelang es bereits am Anfang des 19. Jahrhunderts einigen europäischen und nordamerikanischen Forschern, das Zahlensystem der Maya zu entschlüsseln, und nur wenig später konnten sogar die astronomischen Rechentabellen dekodiert werden. Ständig wurden neue Steinschriften entdeckt, auf welche die neugewonnen Erkenntnisse dann angewandt werden konnten. Dadurch hatte die Wissenschaft eine recht gute Grundlage für die weitere Erforschung der Maya-Kultur. Mittlerweile hat man auch den größten Teil der Schriftzeichen dekodieren können; es fehlen jedoch noch immer ca. 20 Prozent. Ein weiterer wichtiger Faktor für die Wissenschaft ist die Tatsache, dass bis ins 20. Jahrhundert hinein das Gebiet der Maya sehr dünn besiedelt und zudem sehr ländlich geprägt war. Dies war ein Vorteil für die Völkerkundler, da diese dort noch auf viele Menschen stießen, die relativ traditionell lebten, was ebenfalls dabei half, sich ein Bild von der Maya-Kultur vor der Conquista zu machen (vgl. Riese 2002: 12-17).

Insgesamt lässt sich sagen, dass es zwar noch viel zu erforschen gibt und sich bei weitem noch nicht alle Wissenslücken geschlossen haben (vgl. Die Indianer in Nord-, Mittel- und Südamerika: Die Maya – Aufstieg und Fall der Maya-Staaten), es der Forschung jedoch trotz der oben erwähnten Schwierigkeiten gelungen ist, ein relativ scharf umrissenes Bild von der Kultur der alten Maya zu entwerfen, da man über eine Vielzahl von noch vorhandenen Überresten jener Kultur verfügt, bei welchen vor allem die noch vorhandenen Ruinen der Maya-Städte und die Hieroglyphenschriften von Bedeutung sind. Hinzu kommen ethnische Studien anhand von heutigen Maya (vgl. Riese 2002: 18).

2.4 Azteken

2.4.1 Begriffsklärung

Zunächst möchte ich den Begriff *Azteken* klären. Dieser bezieht sich auf die Einwohner eines Ortes der indianischen Mythologie (Aztlan), in welcher die in Tenochtitlan, der Hauptstadt des aztekischen Reiches, und ihrer Schwesterstadt Tlatelolco lebenden Indianer ihre ursprünglichen Wurzeln sahen. Die Azteken selbst nannten sich jedoch *Mexikaner* (*Mexi'ca'*) bzw. die Einwohner von Tenochtitlan *Tenochca'* und die von Tlatelolco *Tlatelolca'*. Der Begriff *Azteken* entstand erst im 18. Jahrhundert durch Clavigero, einen jesuitischen Historiker. Seit dieser Zeit wird diese mächtige Hochkultur nicht mehr als *Mexikaner*, sondern als *Azteken* bezeichnet, vor allem auch deshalb, um sie nicht mit den Einwohnern des heutigen Mexiko zu verwechseln (vgl. Prem 1999: 9/10).

Unter dem Begriff *Azteken* versteht man heutzutage also die Einwohner des Beckens von Mexiko, welche Nahuatl (die Sprache der Azteken) sprachen. Unter den Oberbegriff *aztekische Kultur* fallen auch die Indianer der umliegenden Gebiete, da ihre Kultur mit der der Azteken verwandt war, was auch dem Selbstverständnis der Azteken entsprochen haben dürfte (vgl. Prem 1999: 10).

2.4.2 Das Land

Tenochtitlan, die Hauptstadt der Azteken, befand sich am selben Ort, an dem heute Mexiko-Stadt liegt (vgl. Prem 1999: 16): In der zentralmexikanischen Hochebene (vgl. Mexiko-Lexikon: Texcoco-See) in einem Becken, welches sich auf 2240 Metern Höhe befindet und von teilweise über 5000 Meter hohen vulkanischen Bergketten eingerahmt wird (vgl. Prem 1999: 16). In diesem Becken befand sich der Texcoco-See, welcher heute größtenteils trockengelegt ist (vgl. Mexiko-Lexikon: Texcoco-See). Inmitten dieses Sees lag zu jener Zeit eine Vielzahl von Inseln. Auf einigen dieser Inseln waren Tenochtitlan sowie einige weitere, weniger bedeutende Orte, gebaut. Das Ufer des Sees war jedoch ebenfalls dicht besiedelt. Um den See herum war das Gebiet sumpfig und mit Schilf bewachsen, während das Klima in nördlicher Richtung immer trockener wurde und die Landschaft streckenweise steppenartig war. Im Osten und Westen des Beckens von Mexiko befinden sich hinter den Bergketten Tallandschaften, welche mit diesen zusammen das zentralmexikanische Massiv, die so genannte Mesa Central, formen. Im Osten wird das Tal von Mexiko von den Vulkanen Popocatepetl und Iztaccihuatl begrenzt. Jenseits dieser Vulkane liegt das so genannte Tal von Puebla, welches nicht ganz so hoch ist wie die Mesa Central und bis zur Sierra Madre Oriental, der östlichen Kordillere, reicht. Diese ist wiederum sehr hoch (bis zu 5000 Meter).

Dahinter befindet sich die Küstenebene, welche am Golf von Mexiko liegt. Im Westen befindet sich das Tal von Toluca, welches wiederum von einem Vulkangebiet begrenzt wird. Dahinter schließen sich abwechselnd Bergländer und Beckenzonen an, welche sich bis zur Sierra Madre Occidental, der westlichen Kordilliere, ziehen. Südlich der Mesa Central liegt die zentralmexikanische Vulkanzone sowie das Flusssystem des Río Balsas. Nördlich der Mesa Central schließt sich das nordamerikanische Plateau an, welches durch Steppenlandschaften charakterisiert ist (vgl. Prem 1999: 16-18).

(Palomino 2005: Der Amerikanische Holocaust in Mexiko).

2.4.3 Zeitliche Einteilung

<u>Spätes Postklassikum (1200 bis 1519)</u>

Der genaue Ursprungsort der Azteken ist nicht bekannt (vgl. Prem 1999: 60). Man weiß jedoch, dass sie vermutlich Anfang des 14. Jahrhunderts in die Gegend um den See von Texcoco einwanderten, wo sie auf mehreren Inseln die Hauptstadt Tenochtitlan gründeten (vgl. Mexiko-Lexikon: Azteken (Hochkultur) – Geschichte und Indianer-Welt: Azteken – Zeittafel). Diese wuchs rasch auf eine enorme Größe an und die Azteken begannen, die umliegenden Gebiete zu unterwerfen (vgl. Mexiko-Lexikon: Azteken (Hochkultur) – Geschichte). 1433 ging Tenochtitlan mit zwei anderen mächtigen Städten, Tetzcoco und Tlacopan, einen Dreierbund ein (vgl. Indianer-Welt: Azteken – Zeittafel). Zu dem Zeitpunkt, als die Spanier das Aztekenreich zum ersten Mal betraten, umfasste dieses ganz Zentralmexiko sowie einen Teil Südmexikos (vgl. Mexiko-Lexikon: Azteken (Hochkultur) – Geschichte).

Spanische Eroberung (1519 bis 1521)
1519 erfuhr Motecuzoma, der damalige Herrscher Tenochtitlans, von der Ankunft der Spanier. Nach seinem Tod im Jahr 1520 zogen sich die Spanier zunächst zurück; 1521 gelang es ihnen jedoch, die Stadt zu erobern. Nur wenige Jahre später brach der Widerstand der Azteken völlig zusammen (vgl. Indianer-Welt: Azteken – Zeittafel).

2.4.4 Die Entwicklungsgeschichte der Azteken

Die Wissenschaft hat leider keine gesicherten Kenntnisse bezüglich der Herkunft der Azteken und des Jahres, in welchem sie in das Becken von Mexiko einwanderten. Auf linguistischer Ebene ist man sich jedoch sicher, dass ihre Sprache, das Nahuatl, den Uto-aztekischen Sprachen angehört, welche vom Westen der heutigen Vereinigten Staaten bis nach Nicaragua verbreitet waren. Bis heute werden im mexikanischen Hochland zwischen der Sierra Madre Oriental und dem Becken von Mexiko Varianten des Nahuatl gesprochen. Den Sprachwissenschaftlern zufolge könnte man aus der Art und Weise, in welcher die Dialekte verteilt sind, darauf schließen, dass die Azteken einst aus westlicher Richtung einwanderten. Der Zeitpunkt dieser Einwanderung bzw. ein genauer Ursprungsort lassen sich jedoch daraus nicht erschließen (vgl. Prem 1999: 60).

Den einzigen Hinweis auf den Ort ihrer Herkunft liefert der so genannte Aztlan-Mythos: Den Azteken selbst zufolge entstammten sie einer Stadt namens Aztlan, welche auf einer Insel inmitten eines Sees lag. Wo genau dieser Ort gelegen haben soll, wird jedoch nicht erwähnt. Es wird lediglich angedeutet, dass er im Nordwesten in großer Entfernung zum Becken von Mexiko gelegen habe, was sich mit den Erkenntnissen der Wissenschaft, dass die Azteken aus westlicher Richtung kamen, deckt. Die Forschung hat mehrmals versucht, Aztlan zu finden, ein Versuch, der natürlich gescheitert ist, da wohl sogar die Azteken selbst Aztlan eher als Mythos denn als wirklich vorhandenen Ort betrachteten. Es wurden zwar einige Orte gefunden, die unter Umständen in Frage kämen; die Wahrscheinlichkeit, dass es sich tatsächlich um diesen Ort handelt, ist jedoch eher gering (vgl. Prem 1999: 60-63).

Der Sage zufolge verließen die Azteken eines Tages ihre Heimat Aztlan und folgten ihrem Gott Huitzilopochtli, der sie schließlich zum Texcoco-See führte, wo sie schließlich die Stadt Tenochtitlan gründeten. Es ist der Forschung jedoch nicht möglich gewesen, das tatsächliche Gründungsdatum Tenochtitlans herauszufinden, da die überlieferten Quellen sich gegenseitig hierüber widersprechen: Das früheste angegebene Datum ist 1194 und das späteste 1366. Die heutigen Wissenschaftler gehen davon aus, dass die Gründung der Stadt vermutlich ungefähr zwischen 1320 und 1350 erfolgte. Nur wenige Jahre nach der (angeblichen) Gründung Tenochtitlans spaltete sich der nordwestliche Teil ab und bildete eine eigene Stadt namens

Tlatelolco. Man vermutet, dass die Ursache hierfür interne Streitigkeiten des Adels waren. Von diesem Zeitpunkt an war das Verhältnis zwischen den beiden Städten trotz der gemeinsamen Wurzeln angespannt und oft sogar feindschaftlich (vgl. Prem 1999: 60-76). Über die darauffolgenden Jahre ist nicht viel bekannt. Erst ab ca. 1350 hat die Forschung wieder einige Anhaltspunkte bezüglich der Geschehnisse, da es ab dieser Zeit zu großen Veränderungen in der aztekischen Gesellschaft kam. Bis zu jener Zeit waren die Azteken von mehreren Anführern, die vor allem religiöse Aufgaben innehatten, regiert worden. Nun begann sich jedoch eine monarchische Struktur herauszukristallisieren und es kam zur Gründung von Herrscherdynastien. Ein Mann namens Acamapichtli, welcher von ca. 1371 bis 1391 regierte, wurde der erste Herrscher Tenochtitlans (vgl. Prem 1999: 77).

2.4.5 Aktueller Wissensstand

Die Europäer erfuhren erst zu jenem Zeitpunkt von der Existenz der Azteken, als deren Kultur gerade aufgrund der Conquista dem völligen Niedergang anheim fiel. Leider hat die Forschung nur über die zwei davor liegenden Jahrhunderte gesicherte Daten. Über alles, was davor war, weiß man kaum etwas. Die einzigen Hinweise sind in Legenden enthalten, welche natürlich lediglich zu einem Teil der Wahrheit entsprechen und mit allerlei Mythen angereichert sind. Die Geschichte der aztekischen Hochkultur ist also im Gegensatz zu der der Maya nur sehr kurz (vgl. Prem 1999: 7).

Erschwerend hinzu kommt, dass die Aufzeichnungen, welche die spanischen Conquistadoren der Nachwelt hinterließen, sich nicht als verlässliche wissenschaftliche Quelle eignen, da die Spanier nicht in der Lage waren, diese einzigartige Kultur wirklich zu verstehen. Sie hatten auch wenig Zeit dazu - kurz nach ihrer Ankunft fiel das aztekische Reich dem völligen Untergang anheim. Fast alle vorkolumbianischen schriftlichen Zeugnisse, welche mittels Bilderschrift über die aztekische Geschichte und Kultur berichteten, wurden im Verlauf der Conquista zerstört. Bemerkenswert ist hierbei dennoch, dass nur wenige Jahre später einige Indianer begannen, kurze Berichte über ihre Geschichte niederzuschreiben, allerdings in lateinischer Schrift. Zusätzlich gab es einige Conquistadoren, wie zum Beispiel der berühmt-berüchtigte Hernán Cortés, die Berichte über ihre Erlebnisse in der Neuen Welt schrieben. All diese Aufzeichnungen waren jedoch äußerst subjektiv und voller Vorurteile der jeweils anderen Kultur gegenüber. Während des 16. Jahrhunderts berichteten immer mehr Autoren in umfangreichen Werken von der aztekischen Geschichte vor der Eroberung durch die Spanier. Es war nun jedoch viel schwieriger, Informationen zu erlangen, da niemand mehr da war, der zu dieser Zeit gelebt hatte (vgl. Prem 1999: 11/12).

Die Darstellungen von der Geschichte der Azteken vor der Ankunft der Spanier dürfen noch aus einem zweiten Grund nicht wörtlich genommen werden: Man weiß, dass die jeweiligen Herrscher zweifelsohne von Zeit zu Zeit historische Daten zu ihren Gunsten abänderten und die zuvor vorhandenen Berichte zerstörten. Dies bedeutet, dass das heutige Wissen über die Azteken sozusagen zwei „Filter" passieren musste: einerseits den der aztekischen Geschichtsschreibung vor der Conquista und andererseits den nach der Conquista (vgl. Prem 1999: 12-14).

All jenen Autoren, sowohl den spanischen als auch den indianischen, verdankt die Wissenschaft letztendlich ihr ganzes Wissen über die Azteken, da unglücklicherweise fast keine original aztekischen Schriften aus vorspanischer Zeit überlebt haben. Die Forschung ist sich der Tatsache bewusst, dass sie nur, wenn sie sich der unvermeidlichen Verzerrung der Darstellung der Geschichte gewahr ist, die wirklichen Ereignisse, die dahinter stehen, erahnen kann (vgl. Prem 1999: 14).

Unglücklicherweise gibt es kaum archäologische Funde zu den Azteken, da ihre Hauptstadt Tenochtitlan vollkommen von Mexiko-Stadt, der größten Metropole der Welt, überwuchert worden ist und somit nur ein paar wenige Ruinen freigelegt werden konnten (vgl. Prem 1999: 14).

Die Wissenschaft weiß somit nicht immer genau, was wirklich geschehen ist, sondern eher, was die verschiedenen Parteien ihren Lesern über sich selbst vermitteln wollten. Das heißt, dass es sich im Folgenden nicht um hundertprozentig sichere Daten handelt, sondern um das, was die Forschung zwischen den Zeilen zu lesen und aus dem Wirrwarr verschiedener Berichte herauszufiltern vermochte. Nichtsdestoweniger ist im Laufe der Zeit ein recht umfassendes, wenn auch wie bereits erwähnt sehr subjektives Bild der aztekischen Kultur entstanden (vgl. Prem 1999: 15).

2.5 Fazit

Ich denke, man konnte im vergangenen Kapitel sehen, dass Maya und Azteken viele Gemeinsamkeiten hatten, jedoch zugleich auch einige Unterschiede zwischen ihnen bestanden. Ein Faktor, welcher die Gemeinsamkeiten zwischen den beiden Kulturen erklärt, ist die Tatsache, dass beide stark von den Olmeken beeinflusst wurden, welche als Mutterkultur nicht nur dieser beiden, sondern auch aller weiteren mesoamerikanischen Hochkulturen gelten, obwohl sie zu dem Zeitpunkt, an dem Maya bzw. Azteken ihre kulturelle Hochblüte ausbildeten, nicht mehr existierten.

Interessant ist, dass sowohl die Maya als auch die Azteken die Bedeutung ihres Namens aus der Mythologie ableiteten. Die Maya bezeichneten sich als *Menschen aus Mais* nach einer Geschichte aus dem Popol Vuh. Die Azteken nannten sich *Leute aus Aztlan*, da sie der Legende nach aus einer Stadt namens Aztlan stammten.

Bezüglich des Landes lässt sich sagen, dass sowohl die Maya als auch die Azteken zumindest in einem Teil des heutigen Mexiko beheimatet waren, allerdings in unterschiedlichen Regionen. Die Maya lebten im Süden und Südosten Mexikos sowie in Guatemala, Belize und in Teilen von Honduras und El Salvador, wobei im Norden des Maya-Gebietes die Halbinsel Yukatan lag und im Süden die Hochländer von Chiapas, Guatemala, El Salvador und Honduras. Die Heimat der Azteken befand sich hingegen in der zentralmexikanischen Hochebene, an jenem Ort, an dem sich heute die Hauptstadt Mexikos befindet. Das folgende Bild veranschaulicht die unterschiedlichen geographischen Regionen relativ anschaulich.

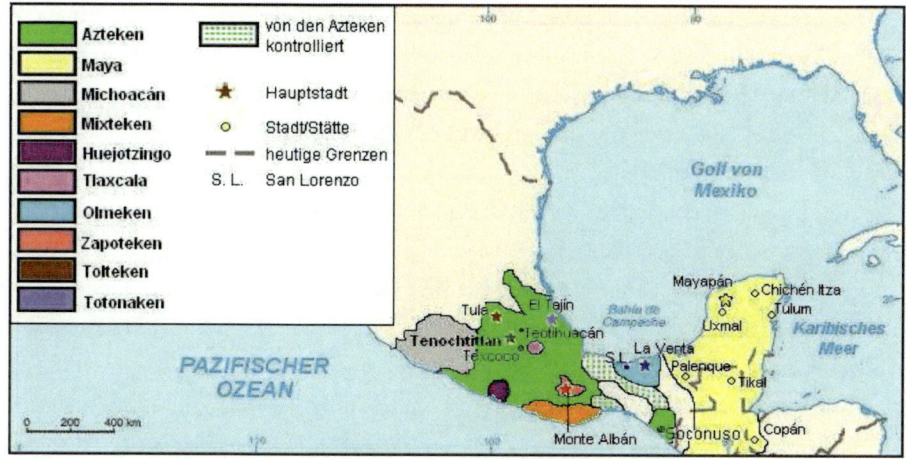

(Wikipedia: Indigene Völker Mittelamerikas und der Karibik).

Die landschaftliche Prägung war jedoch in beiden Gebieten relativ ähnlich: Beide waren durch Hochländer sowie stellenweise durch steppenartige Landschaften charakterisiert.

Große Unterschiede sind wiederum bei der Zeitgeschichte festzustellen, da die Geschichte der Maya weitaus länger war als die der Azteken. Die Maya durchlebten drei Epochen, welche einen Zeitraum von ca. 3000 Jahren umfassten (von 1500 v. Chr. bis zur Eroberung durch die Spanier Mitte des 16. Jahrhunderts). Diese Epochen umfassen die Vorklassische Periode, in welcher sich die zukünftige Hochkultur langsam entwickelte, die Klassik, in welcher die Blüte der Maya-Kultur zur vollen Ausprägung kam, und die Postklassik nach dem Niedergang der klassischen Hochkultur. Die Geschichte der Azteken war hingegen nur sehr kurz. Die

Forschung hat genau genommen nur über zwei Jahrhunderte verlässliche Aufzeichnungen. Alles, was zuvor war, fußt lediglich auf Legenden und Mythen und ist historisch nicht gesichert. Man hat über die Azteken also nur ab Anfang des 14. Jahrhunderts, der Epoche des Späten Postklassikums, bis zur Ankunft der Spanier gesicherte Daten.

Auffällig in Bezug auf die geschichtliche Entwicklung ist auch, dass die Ausbildung zu dem komplexen Gesellschaftssystem und der kulturellen Blüte in der Epoche der Klassik, für welche die Maya bekannt sind, lange vor der Hochphase der aztekischen Kultur war, nämlich um 250 n. Chr., womit festgestellt werden muss, dass die Hochphase der Maya-Kultur ca. 1000 Jahre vor der der Azteken begann. Allerdings war die klassische Hochkultur der Maya zu dem Zeitpunkt, da die Kultur der Azteken sich auf ihrem Höhepunkt befand, schon seit Jahrhunderten vorbei.

Nun zur Entwicklung der beiden Kulturen. Von den Maya ist hier relativ viel bekannt. Man weiß, dass sich um das Jahr 1500 v. Chr. herum ein Teil der Bevölkerung von den Ur-Maya abspaltete und in einer Wanderungsbewegung nach Yukatan zog. Auch in das Urwaldgebiet am Abhang der Kordilleren wanderte eine Gruppierung namens Chol-Maya ein, allerdings erst viel später, um 500 v. Chr. Bei den Azteken weiß man ebenfalls, dass eine Wanderung stattgefunden haben muss, man ist sich jedoch nicht sicher, wie genau diese ablief. Alles, was man weiß, gründet sich auf den Aztlan-Mythos. Man hat also bei den Azteken im Gegensatz zu den Maya den genauen Ablauf der Wanderung nicht bestimmen können. Zudem konnte der mythische Ort Aztlan nie definitiv lokalisiert werden. Die Herkunft der Maya ist also relativ genau belegt, während die Wissenschaft keine gesicherten Daten über die Herkunft der Azteken hat. Auffällig ist auch, dass die Wanderung der ersten Maya-Gruppe sehr viel früher stattfand als die der Azteken, nämlich um genau zu sein über 2500 Jahre früher. Auch bildete sich die erste Dynastie des Maya-Tieflandes um 200 n. Chr., während dies bei den Azteken erst um 1350 herum geschah.

Zusammenfassend lässt sich hier sagen, dass die Entwicklungsgeschichte der Maya größtenteils geschichtlich nachweisbar ist, während über die der Azteken relativ wenig bekannt ist und sich zu einem großen Teil auf Vermutungen stützt.

Was die Verlässlichkeit des heutigen Wissens bezüglich der beiden Kulturen betrifft, so gibt es sowohl bei den Maya als auch bei den Azteken Faktoren, welche die Arbeit der Forschung erschweren. So war wie oben bereits erwähnt die klassische Blütezeit des zentralen Maya-Tieflandes zum Zeitpunkt, an dem die Spanier Yukatan zum ersten Mal betraten, schon lange vorbei, womit das Problem besteht, dass kein einziger Europäer jemals die Maya-Hochkultur der Klassik mit eigenen Augen gesehen hat. Da sich die Kultur der Azteken hingegen zu diesem Zeitpunkt gerade auf ihrem Höhepunkt befand, liegen hier im Gegensatz zu den Maya Augenzeugenberichte vor. Diese sind jedoch mit Vorsicht zu genießen, da sie sehr subjektiv sind und die Spanier gar nicht in der Lage waren, die Azteken wirklich zu verstehen, da deren Kultur kurze Zeit später vollkommen zerstört wurde. Die Spanier hatten somit gar keine Zeit, sich intensiv mit dieser zu beschäftigen. Was der Forschung in Bezug auf die Maya jedoch sehr hilft, ist die Vielzahl von Steintafeln, die gefunden wurden, was bei den Azteken nicht der Fall ist: Hier wurden fast alle vorkolumbianischen Zeugnisse zerstört. Überdies wurden Ruinenstädte der Maya gefunden und ausgegraben, was dazu führte, dass man viele sehr aufschlussreiche archäologische Funde bergen konnte. An der Stelle, an der sich die Hauptstadt der Azteken befand, liegt heutzutage jedoch Mexiko-Stadt, weshalb so gut wie keine archäologischen Funde gemacht werden konnten, da fast alles von der gigantischen Großstadt überwuchert worden ist. Überdies war das Gebiet der Maya bis ins 20. Jahrhundert hinein nicht nur sehr dünn besiedelt, sondern auch sehr ländlich und traditionell geprägt, was ebenfalls eine Erleichterung für die Forscher darstellte, da sie durch Beobachtung der heutigen Maya auf die vergangene Maya-Kultur schließen konnten. Dies war bei den Azteken kaum möglich, da sich wie gesagt an dem Ort, an welchem das absolute kulturelle Zentrum des Aztekenreiches – Tenochtitlan – gelegen hatte, heute Mexiko-Stadt befindet. Dies alles führte dazu, dass sich die Forschung von den Maya doch ein relativ umfangreiches und detailliertes Bild verschaffen konnte, trotz der Tatsache, dass deren Blütezeit bei der Ankunft der Europäer bereits vorbei war. Doch die Kombination aus überlieferten Schriften, ausgegrabenen Ruinenstädten und der Beobachtung heutiger Maya hat dafür gesorgt, dass man über diese weit mehr weiß als über die Azteken, bei denen lediglich zwei Jahrhunderte bekannt sind, während man bei den Maya die Geschichte über Jahrtausende hinweg nachvollziehen kann. Allerdings muss man dennoch einräumen, dass sowohl bei den Maya als auch bei den Azteken noch erhebliche Wissenslücken bestehen, die es in der Zukunft zu füllen gilt. Auch ist man sich bei allen überlieferten Zeugnissen nicht sicher, ob diese tatsächlich der Wahrheit entsprechen und wo die Geschichte anfängt und die Legende aufhört.

3 Kultur, Gesellschaft und Religion auf ihrem Höhepunkt

3.1 Maya

Im Folgenden werde ich eine Reihe verschiedener Aspekte der Maya-Kultur in der Epoche der Klassik vorstellen. Es erscheint mir wichtig, Kultur, Gesellschaft und Religion während dieser Epoche zu beschreiben, da diese die wichtigste der gesamten Geschichte der Maya ist. Die folgenden Beschreibungen sind eine Art Momentaufnahme vom Zustand der Maya-Staaten im Tiefland während des siebten Jahrhunderts n. Chr.

3.1.1 Die Struktur des Reiches

Die Maya hatten zu keiner Zeit einen einheitlichen Staat, sondern ihr Reich war vielmehr durch eine Vielzahl verschiedener Stadtstaaten gekennzeichnet (vgl. Die Indianer in Nord-, Mittel-, und Südamerika: Die Maya – Aufstieg und Fall der Maya-Staaten). Zu den bedeutenderen unter diesen zählten Tikal, Yaxchilán, Calakmul, Copán und Palenque (vgl. Mexiko-Lexikon: Maya (Hochkultur) – Zeitliche Abschnitte und Riese 2002: 5/6). Diese Stadtstaaten im Maya-Tiefland waren wohl von ihrem Aufbau her der klassischen griechischen Polis ähnlich: Das heißt, im Zentrum befand sich die Stadt, zu deren Herrschaftsbereich auch noch die angrenzenden Bauernhöfe, ländlichen Siedlungen und kleineren Landstädte gehörten. Gegen Ende des Klassikums kam es in diesen Zentren zu einem solch verstärkten Bevölkerungswachstum, dass man diese durchaus bereits als Stadtstaaten bezeichnen kann (vgl. Riese 2002: 44).

Die einzelnen Maya-Staaten bekriegten sich ständig untereinander. Interessant ist hierbei, dass in der Epoche des Klassikums die Kriege zumeist nicht geführt wurden, um einen konkurrierenden Stadtstaat zu zerstören oder ihn sich zu eigen zu machen; nach der Eroberung einer Stadt wurde diese kein offizieller Teil des Reiches, sondern musste lediglich Tribute zahlen und wurde mittels verwandter Herrscher von der eigenen Stadt abhängig gemacht. Ein Nachteil hierbei war natürlich, dass das Gebiet der Maya alles andere als ein stabiler Staat war und es so ständig zu neuen Kriegen kam. Die Maya hatten auch keine Soldaten im eigentlichen Sinne, das heißt, kein stehendes Heer. Man vermutet, dass das Heer in Kriegszeiten kurzfristig ausgehoben wurde und aus adligen Heerführern und Bauern bestand (vgl. Die Mayas – Geschichte der faszinierendsten Kultur in Amerika: Maya-Krieger). Doch trotz der zahlreichen Kriege bildeten die Maya-Stadtstaaten eine gemeinsame Kultur aus: Sie hatten dieselben Sagen und Mythen, dieselbe Religion und dieselben Jenseitsvorstellungen (vgl. Indianer-Welt: Maya - Überblick).

3.1.2 Die gesellschaftliche Ordnung

Die wirtschaftliche Grundlage des Reiches bildeten die Bauern (vgl. Riese 2002: 44), da sie nicht nur für sich, sondern auch für die in den Städten lebende Elite Nahrungsmittel anbauten. Zur Elite gehörten außer dem Herrscher noch Priester, Architekten, Astronomen, Schreiber und spezialisierte Künstler. Jeder Stadtstaat wurde von einem absoluten Herrscher angeführt, als dessen Nachfolger jeweils sein Sohn bestimmt wurde (vgl. Die Indianer in Nord-, Mittel-, und Südamerika: Die Maya – Aufstieg und Fall der Maya-Staaten).

Die Könige der Stadtstaaten hatten nicht nur die gewöhnlichen Aufgaben inne, die man von einem Herrscher erwartet, wie die Repräsentation des Staates und die Steuerung der Politik. Sie hatten auch eine Reihe von Verpflichtungen, die uns heute nicht nur als sehr seltsam, sondern auch grausam erscheinen: Der König war bei rituellen Anlässen dazu angehalten, sich selbst zu kasteien, indem er sich Zunge oder Penis durchbohrte, und Flüssigkeiten zu konsumieren, die ihm anal eingeführt wurden und Halluzinationen hervorriefen. Weitere Bräuche waren das Rauchen von Zigarren sowie das Trinken eines Gebräus, welches aus dem giftigen Schleim einer Kröte bestand. Der Großteil der vom Herrscher verlangten Rituale war entweder sehr schmerzhaft oder (wie beim Konsumieren von halluzinogenen Mitteln) mit extremem Unwohlsein verbunden. Deshalb mussten sie von Dienern gestützt werden, falls sie vor Schmerz ohnmächtig wurden oder sich übergeben mussten. Weitere Pflichten des Herrschers, die jedoch nicht so grausam waren, waren das Tanzen mit angelegtem Schmuck und der Konsum von Unmengen an Essen und Trinken, da Wohlbeleibtheit ein Statussymbol war. Darüber hinaus war der König dazu angehalten, ein Meister des Ballspiels zu sein, welches ebenfalls ein wichtiger Teil der Rituale der Maya war (vgl. Riese 2002: 51). Auf das Ballspiel werde ich im Unterkapitel 3.1.5 noch genauer eingehen.

Wie auch im europäischen Mittelalter stellte der Adel zwar prozentual den geringsten Bevölkerungsanteil, war jedoch diejenige Gesellschaftsschicht, welche die Geschicke des Volkes lenkte. Die verschiedenen Adelsfamilien waren patrilinear ausgerichtet und miteinander verschwägert. Die Mitglieder des Hochadels waren entweder in dieser Schicht geboren oder hatten in diese eingeheiratet; eine andere Möglichkeit, ihm anzugehören, gab es nicht. Zum Hochadel gehörte die königliche Familie des jeweiligen Stadtstaates, die Statthalter der von ihnen abhängigen Städte sowie wahrscheinlich auch die obere Priesterschicht. Was die Rolle des Klerus betrifft, so ist sich die Forschung jedoch nicht ganz einig, da man nicht sicher weiß, ob die weltliche und die religiöse Herrschaft wirklich zwei getrennte Bereiche waren oder ob der König auch zugleich der oberste Priester seines Volkes war. Diese Zweifel liegen darin begründet, dass auf Vasenbildern, welche die wichtigste

Quelle der Wissenschaft für die Erforschung der Maya-Kultur in den Stadtstaaten sind, keinerlei Unterschiede zwischen politischen und religiösen Handlungen des Adels gefunden werden können (vgl. Riese 2002: 50/51).

Die Forschung vermutet, dass Kunsthandwerker wie Maler, Steinmetze oder Schmuck- und Kleidermacher in der Gesellschaft einen höheren Rang innehatten als Bauern. Es gibt für diese Vermutung jedoch leider keine gesicherten Beweise. Sicher ist jedoch, dass die Mitglieder der weltlichen und religiösen Verwaltung, also zum Beispiel Palast- und Tempeldiener, Steuereintreiber, Lehrer oder Kalenderpriester, einen hohen Rang einnahmen. Dies kann man sowohl einer Vielzahl von bildlichen Darstellungen als auch einigen Hieroglyphentexten entnehmen (vgl. Riese 2002: 46/47).

Nun zu den Bauern. Diese lebten im Familienverband auf kleinen Bauernhöfen. Man vermutet, dass die Familien patrilinear organisiert waren und nicht nur die Kernfamilie, sondern auch weitere Verwandte umfassten. Die Bauern bauten viele verschiedene Produkte an, wie zum Beispiel Süßkartoffeln, Kakao, Tomaten, Mais und Bohnen. Erstaunlich ist hierbei, dass sie bereits über eine Reihe verschiedener Anbauverfahren verfügten und sogar ein künstliches Bewässerungssystem hatten (vgl. Riese 2002: 44-46):

> „Außerdem konnten sehr verschiedene Anbauverfahren […], vor allem Formen künstlicher Be- und Entwässerung, archäologisch nachgewiesen oder ethnographisch hypostasiert werden. Fischteiche, durch Kanäle bewässerte Felder, erhabene Feldfluren in Überschwemmungsgebieten, Terrassen und Staudämme in Hanglagen und tropische Gartenwirtschaft kamen jeweils in den für sie geeigneten Gegenden zum Zuge." (Riese 2002: 44)

Sklaven, die so genannten *pentacob* (vgl. Mexiko-Lexikon: Maya (Hochkultur) – Gesellschaftsordnung), wurden sowohl zur Arbeit auf den Feldern als auch für Baustellen sowie für andere Arbeiten eingesetzt. Sie waren die unterste Schicht und hatten keinerlei Rechte. Man konnte zum Sklaven werden, wenn man ein schweres Verbrechen wie Mord oder Diebstahl begangen oder wenn man Schulden hatte, die man nicht zurückzahlen konnte. Außerdem wurde man automatisch zum Sklaven, wenn die Eltern auch Sklaven waren (vgl. Die Indianer in Nord-, Mittel- und Südamerika: Die Maya – Aufstieg und Fall der Maya-Staaten). Überdies wurden häufig auch Kriegsgefangene versklavt (vgl. Mexiko-Lexikon: Maya (Hochkultur) – Gesellschaftsordnung).

3.1.3 Kalender

Die Maya hatten genau wie wir heute ein Jahr von 365 Tagen, welches in 18 Monate mit jeweils 20 Tagen unterteilt war. Da jedoch mit diesem System noch 5 Tage übrig blieben, wurden diese einfach am Ende des Jahres hinzugefügt. Alle Monate hatten einen Namen, und die Tage innerhalb des jeweiligen Monats wurden von 0 bis 19 durchnummeriert (der letzte, nur fünf Tage dauernde Monat wurde natürlich lediglich von 0 bis 4 nummeriert). Durch diese Methode war es den Maya möglich, jeden Tag des Jahres genau zu bestimmen. Dieser Kalender wurde in erster Linie für alltägliche und die Öffentlichkeit betreffende Angelegenheiten verwendet. Es existierte jedoch noch ein anderer Kalender, der so genannte Wahrsagekalender, welcher noch heute in Guatemala von Quiché-, Ixil- und Mam-Indianern verwendet wird. Dieser Kalender verfügt über ein System von lediglich 260 Tagen, welches durch eine Kombination von 13 mal 20 entsteht. Diese seltsam anmutende Länge kann zwar nicht durch die Astronomie erklärt werden, es wird jedoch vermutet, dass diese Einteilung der Jahre auf der Schwangerschaftsperiode fußt. Doch auch wenn der Jahreskalender im Gegensatz zum Wahrsagekalender primär zur Regelung alltäglicher Angelegenheiten diente, war eine Gemeinsamkeit aller kalendarischer Zyklen der Maya doch, dass ihnen religiöse bzw. wahrsagerische Ziele zugrunde lagen. Die Aufgabe des Kalenderpriesters war es hierbei, etwas über das zukünftige Schicksal der Bevölkerung seiner Heimatstadt und ihres Herrschers zu erfahren. In der Epoche der Klassik war hierbei die Planung kriegerischer Auseinandersetzungen von großer Bedeutung. Man sieht also, dass die Kalender großen Einfluss auf die Staatsführung hatten (vgl. Riese 2002: 47-50).

3.1.4 Schrift und Zahlensystem

Anmerkung: Die Ausführungen dieses Unterkapitels beziehen sich im Gegensatz zu den vorangegangenen und folgenden Kapiteln nicht nur auf den Ist-Zustand während des siebten Jahrhunderts, da das Schriftsystem vielmehr schon ab dem Ende des dritten Jahrhunderts voll entwickelt war.

Bezüglich der Weiterentwicklung des Schriftsystems, für welches die Olmeken den Grundstein gelegt hatten, unterscheidet die Forschung zwischen den Schriftsystemen im Zentrum und im Westen Mesoamerikas und der Maya-Schrift im Osten, welche permanent perfektioniert wurde und um ein Vielfaches höher entwickelt war als die Schriften anderer Gebiete. Dies ist insofern erstaulich, da die Maya nur peripher mit den Olmeken zu tun hatten; dennoch waren sie die einzige der an das olmekische Gebiet angrenzenden Kulturen, welche deren Schrift nicht nur an ihre eigenen Sprachen anpasste, sondern sie auch weiterentwickelte. Das Beachtlichste hierbei ist, dass sie auch den lautbezogenen Aspekt des Schriftsystems beibehielten. Die Schrift breitete sich im gesamten Maya-Tiefland aus, im Hochland hingegen nicht. Das System war so in sich geschlossen, dass heutige Forscher fast mühelos jeden beliebigen Text lesen können, vorausgesetzt natürlich, dass sie mit dem Schriftsystem der Maya vertraut sind (vgl. Riese 2002: 30/31).

Die frühesten Maya-Inschriften wurden im südlichen Tiefland entdeckt. Es handelt sich hierbei um Steinschriften, da sich alles andere über die Jahrhunderte meist nicht erhalten hat. Eine dieser Inschriften, welche in eine Stele[3] eingraviert ist, berichtet von der Amtseinführung des Herrschers Voluten-Ahaw-Jaguar von Tikal im Jahr 292. Es existieren zwar durchaus auch noch frühere Inschriften, diese sind jedoch nicht exakt datierbar und zudem meist auch noch Diebesgut, sodass man ihre Herkunft nicht bestimmen kann (vgl. Riese 2002: 33).

Die Maya-Schrift unterschied sich teilweise sehr stark von den Schriftsystemen anderer mesoamerikanischer Völker, da sie über einen hohen Standardisierungs- und Abstraktionsgrad verfügte. Außerdem war das Schriftsystem der Maya sehr kompakt, da die einzelnen Schriftzeichen in Zeilen und Spalten vermerkt wurden und in den meisten Fällen komplett abstrahiert waren, das heißt, ihren Inhalt nicht durch Bilder vermittelten. Hervorzuheben sind hier vor allem zwei Dinge: Einerseits die Tatsache, dass sich das Schriftsystem der Maya nach seiner Entstehung auf der Basis der olmekischen Schrift schnell und von den anderen mesoamerikanischen Kulturen unabhängig entfaltete, und andererseits, dass die Schrift bereits um 300 n. Chr. vollkommen textfähig war, das heißt, keine mündlichen oder bildlichen Erläuterungen mehr benötigte (vgl. Riese 2002: 35).

Überdies wurde von den Maya ein schriftliches Zahlensystem gefunden. Dieses funktionierte nicht nach unserem heutigen Zehnersystem (Dezimalsystem), sondern nach einem Zwanzigersystem (Vigesimalsystem) (vgl. Die Mayas – Geschichte der faszinierendsten Kultur in Amerika: Maya Ziffern). Das System kam mit lediglich drei Zeichen aus, mit denen beliebig hohe Zahlen dargestellt werden konnten (vgl. Riese 2002: 47).

---

[3] Eine Stele ist eine Steinplatte, welche senkrecht im Boden steht und mit Hieroglyphen versehen ist. Bedeutende Ereignisse wie Inthronisierungen oder Todesdaten der Herrscher wurden darauf festgehalten. Zusätzlich zu den historischen wurden auch astronomische Daten eingraviert (vgl. Mexiko-Lexikon: Stele).

3.1.5 Religion und Kult

Die Maya glaubten, dass der Kosmos in drei Bereiche unterteilt sei (vgl.: Mexiko-Lexikon: Maya (Hochkultur) – Religion):

> „Zuoberst das Himmelsgewölbe, das aus dreizehn verschiedenen Schichten bestand, jede Schicht repräsentiert durch eine Gottheit, in der obersten Schicht das Ur-Paar, die höchste Dualität, der Ursprung aller Götter und Menschen. Dann folgt die Erde mit seinen indianischen Bewohnern und zuunterst die Welt Xibalbas, wo die Ahnen weiterlebten." (Mexiko-Lexikon: Maya (Hochkultur) – Religion)

Überdies glaubten sie, dass Himmel, Erde und Unterwelt einander beeinflussten. Die Ahnen in Xibalba konnten das Leben der Erdbewohner sowohl durch Gesundheit, Reichtum und Siege bereichern als auch durch Krankheit, Armut und Niederlagen zerstören. Umgekehrt mussten die Menschen den Göttern und Ahnen Nahrung darbringen, welche aus Pflanzen, Tieren oder Menschen bestand. Diese Opfer wurden dann in rituellen Zeremonien dargebracht, im kleinen Rahmen bei den Familien zu Hause oder im großen Rahmen in den Tempeln der Stadtzentren. Hierbei kam den Herrschern und Priestern eine zentrale Rolle zu. Die Herrscher erreichten wie oben bereits erwähnt einen tranceartigen Zustand, indem sie sich Blut aus Zunge oder Penis abzapften, wodurch sie sich nach Überzeugung der Maya dann zwischen den Welten bewegen und einen ihrer Ahnen herbeirufen konnten, um seinen Rat zu erbitten (vgl. Mexiko-Lexikon: Maya (Hochkultur) – Religion). Die Maya hatten eine Vielzahl verschiedener Götter, sodass ihr Pantheon nur vereinfacht darzustellen ist (vgl. Mexiko-Lexikon: Götter der Maya und Indianer-Welt: Maya - Mythologie). Einer der wichtigsten Götter war Kulkulcán, dessen Name wörtlich übersetzt *Gefiederte Schlange* heißt. Er war der Gott der Winde, der Künste und der Medizin. Bei den Azteken hieß er Quetzalcoatl (vgl. Indianer-Welt: Maya – Mythologie), und er scheint sowohl bei den Olmeken als auch bei den Tolteken ebenfalls bekannt gewesen zu sein (vgl. Indianer-Welt: Die Kultur der Olmeken und Mexiko-Lexikon: Kukulcán). Des Weiteren waren der Gott der Fruchtbarkeit und des Regens, der Himmels- sowie der Sonnengott, die Göttin des Mondes und der Maisgott von zentraler Bedeutung (vgl. Indianer-Welt: Maya – Mythologie).

Im Folgenden möchte ich auf das bereits erwähnte Ballspiel eingehen. Hierbei gab es unterschiedliche Spielvarianten. Bei einer Version befand sich am Rande des Spielfeldes ein Steinring, durch den man den Ball treiben musste. Es gab jedoch auch Spiele, bei denen man mit dem Ball nicht den Steinring treffen musste, sondern auf andere Art und Weise Punkte erzielte. Allen Versionen gemein war jedoch, dass immer zwei Mannschaften mit einem Ball gegeneinander spielten. An einer Geschichte des Popol Vuh lässt sich die Bedeutung, welche dem Ballspiel in der Maya-Kultur beigemessen wurde, deutlich erkennen. In ihr wird erzählt, wie zwei Männer namens Hun Hunahpu und Vucub Hunahpu, welche als Urväter der Quiché gelten, miteinander Ball spielen. Dies erregt den Zorn der Götter der Unterwelt, und die beiden müssen sterben. Doch die Söhne der beiden, Hunahpu und Xbalanke, entdecken die Bälle und fangen nun ihrerseits an, miteinander Ball zu spielen. Die Herren der Unterwelt befehlen den beiden jungen Männern daraufhin, mit ihnen einen Wettkampf im Ballspiel auszutragen, jedoch mit der Absicht, die beiden mittels eines Dolches, welchen sie im Ball versteckt haben, zu töten. Am Ende der Geschichte werden die Unterweltgötter jedoch von Hunahpu und Xbalanke überwältigt (vgl. Riese 2002: 51-53).

Auf einigen Vasenbildern und Steinreliefs sind Darstellungen von Ballspielen zu sehen, auf denen ein gefesselter Gefangener auf einem Ball sitzt oder sogar mit einem Dolch getötet wird. Dies zeigt, dass in einer der Varianten des Ballspiels eine der beiden Mannschaften geopfert wurde (vgl. Riese 2002: 53). Die Wissenschaft ist sich jedoch nicht ganz sicher, ob die Gewinner oder die Verlierer davon betroffen waren. Man vermutet jedoch, dass die Gewinnermannschaft zum Opfer bestimmt wurde, da es als eine Ehre betrachtet wurde, den Göttern geopfert zu werden (vgl. Mexiko-Lexikon: Menschenopfer der Maya). Wahrscheinlich stand hier die Absicht dahinter, die im Popol Vuh geschilderte Geschichte in einer kultischen Handlung nachzustellen (vgl. Riese 2002: 53).

3.1.6 Menschenopfer

Anmerkung: Die nachfolgenden Ausführen beziehen sich zunächst sowohl auf die Maya als auch auf die Azteken.

Die Menschenopfer, welche von den Maya und Azteken dargebracht worden sein sollen, sind nicht hundertprozentig beweisbar, zumindest was Umfang und Häufigkeit betrifft. Das heutige Wissen der Forschung über die Menschenopfer basiert vor allem auf Berichten der Missionare zur Zeit der spanischen Eroberung, den Berichten eines Soldaten namens Bernal Diaz del Castillo, welcher unter dem spanischen Eroberer Cortés nach Mexiko kam, und den Berichten, welche Cortés selbst an Kaiser Karl V schrieb. Man muss hierbei jedoch bedenken, dass sowohl Cortés als auch alle anderen Berichterstatter bemüht waren, die Indianer als so grausam wie möglich dazustellen, um die Notwendigkeit, sie zu zivilisieren, zu rechtfertigen. Eine weitere Quelle sind die Prozessakten des Franziskanermönches Diego de Landa, dessen Schriften jedoch nur mit höchster Vorsicht zu genießen sind, da alle Aussagen von Indianern unter der Folter erpresst wurden. Landa selbst hatte jedoch nie ein Menschopfer mit eigenen Augen gesehen (vgl. Mexiko-Lexikon: Menschenopfer).

Unabhängig von den genannten europäischen Berichterstattern existieren jedoch auch archäologische Zeugnisse. In Malereien und Bilderhandschriften sind häufig Menschenopfer abgebildet. Man ist sich hierbei jedoch nicht ganz sicher, ob es bei diesen Darstellungen um tatsächliche Menschenopfer ging oder ob diese lediglich den Kreislauf von Leben und Tod darstellen sollen (vgl. Mexiko-Lexikon: Menschenopfer).

Da sich die Forschung wie gesagt bezüglich der Menschenopfer nicht hundertprozentig sicher ist (obwohl die eindeutige Tendenz in die Richtung geht, dass die Wahrscheinlichkeit, dass solche Opfer stattgefunden haben, extrem hoch ist), muss man sich beim Lesen dieses Unterkapitels sowohl bei den Maya als auch bei den Azteken immer gewahr sein, dass es sich hierbei nicht um absolut sichere Wahrheiten handelt (vgl. Mexiko-Lexikon: Menschenopfer und Prem 1999: 56/57).

Nun zu den Menschenopfern bei den Maya. Was die Wissenschaft heute weiß, ist Folgendes: Die Maya scheinen am liebsten Kriegsgefangene und Kinder geopfert zu haben; hierbei gab es verschiedene Methoden, die Opfer zu töten (vgl. Mexiko-Lexikon: Menschenopfer der Maya):

> „Die Formen der rituellen Tötung bestanden aus Häutung, mit Pfeilen durchbohren, Enthaupten, Ertrinken, Steinigung, Verbrennen, Opfer lebendig begraben und den lebenden Opfern das Herz herauszuschneiden." (Mexiko-Lexikon: Menschenopfer der Maya)

Belege für dieses Wissen sind Knochenfunde und bildliche Darstellungen auf Stelen und Fresken. Einer der Götter, der die meisten Menschenopfer forderte, war Chaac, der Gott der Fruchtbarkeit und des Regens. Seine Opfer wurden gefesselt in heilige Seen geworfen, wo sie ertranken. In einigen dieser Seen haben Forscher auch tatsächlich sehr viele Skelette gefunden, von denen einige skalpiert oder geköpft worden waren, während andere durch Ertrinken gestorben zu sein scheinen (vgl. Mexiko-Lexikon: Menschenopfer der Maya).
Die Jenseitsvorstellungen der Maya standen mit dem Glauben an die Notwendigkeit von Menschenopfern in direktem Zusammenhang: Für sie war das Leben nach dem Tod von zentraler Bedeutung, ihr Körper nur das Mittel zum Zweck, also das Reisegefährt in die Welt des Jenseits. Die Opferung eines Menschen bedeutete, dass man mit Hilfe dieser Person eine Verbindung zu den Gottheiten herstellen konnte. Außerdem waren die Maya der Überzeugung, dass die Welt untergehen oder dass zumindest die Menschen von den Göttern bestraft werden würden, wenn sie ihnen die menschlichen Opfer, welche ihnen als Nahrung dienten, verweigerten. Aus diesem Grund wurden die als Opfer Erwählten vor ihrer Opferung mit allen Ehren behandelt. Die Maya glaubten, dass die Geopferten direkt zu den Göttern

aufstiegen, während die Normalsterblichen erst *Xibalba*, die Unterwelt, durchqueren mussten, welche ein Ort des Schreckens und voller Gefahren war (vgl. Mexiko-Lexikon: Menschenopfer der Maya).

3.2 Azteken

3.2.1 Die Struktur des Reiches

Als die Spanier die Hauptstadt der Azteken das erste Mal betraten, war Motecuzoma der Jüngere der Herrscher Tenochtitlans und war Herr über ein zu diesem Zeitpunkt immens angewachsenes Reich. Er hatte mit zwei anderen Städten, welche sich am Seeufer befanden, Tetzcoco und Tlacopan, ein Bündnis geschlossen, und regierte mit ihnen gemeinsam die unterworfenen Gebiete. Man sieht jedoch an der Tatsache, dass die spanischen Conquistadoren ausschließlich mit Motecuzoma kommunizierten und dass die anderen beiden Herrscher in den Berichten der Spanier über die Conquista nie erwähnt wurden, dass Tenochtitlan eine weit höhere Macht innehatte als die anderen Städte, obwohl Tetzcoco und Tlacopan offiziell gleichberechtigt waren. Das Reich verfügte interessanterweise jedoch nicht über einen offiziellen gemeinsamen Anführer (vgl. Prem 1999: 18/19).

Tenochtitlan hatte zu diesem Zeitpunkt zusammen mit ihrer Schwesterstadt Tlatelolco, welche im Norden der Hauptstadt lag und mit ihr zusammen eine Doppelstadt bildete, eine immense und für Amerika ganz und gar ungewöhnliche Größe erreicht. Recherchen zufolge lebten in der Stadt vermutlich mehr als 150 000 Menschen. Die Stadt selbst war auf mehreren Inseln erbaut, welche miteinander verbunden waren. Wenn man sich die hohe Bevölkerungszahl vergegenwärtigt, kommt man unweigerlich zu dem Schluss, dass Tenochtitlan bereits sehr urbane Züge gehabt haben muss. Die Conquistadoren waren von der Stadt, welche bereits über mehrstöckige Häuser und öffentliche Einrichtungen verfügte, sehr beeindruckt (vgl. Prem 1999: 29-33).

Für uns heute ist es jedoch schwer, das Reich der Azteken mit unseren Begriffen von *Staat* und *Volk* zu definieren. Es ist hierbei sogar einfacher, festzustellen, über was die Azteken *nicht* verfügten: Es gab keine klar definierten Grenzen des Reiches, man konnte also nicht genau sagen, welche Gebiete noch dazugehörten und welche nicht. Es gab ferner keine einheitliche Verwaltungs- und Rechtsstruktur und kein stehendes Heer. Auffällig ist hier, dass nicht bekannt ist, wie die Azteken selbst ihr Reich nannten. Für das alltägliche Leben der Menschen waren die vierzig bis sechzig Stadtstaaten des Beckens von Mexiko von viel größerer Bedeutung als das nur schwammig definierte Reich (vgl. Prem 1999: 19).

Ein gemeinsames Charakteristikum all dieser Stadtstaaten war ihre Struktur: Im Zentrum lagen die Tempel, welche den kultischen Mittelpunkt bildeten, sowie die Paläste der Adligen. Hinter dem städtischen Kern befanden sich bäuerliche Dörfer und kleine Siedlungen. Obwohl es natürlich kleine Unterschiede zwischen ihnen gab, waren die verschiedenen Gebiete und Stadtstaaten im Becken von Mexiko in kultureller Hinsicht relativ homogen. Auch die Religion war im ganzen Gebiet relativ einheitlich (vgl. Prem 1999: 20/21).

Interessant ist hierbei, dass obwohl die Azteken ein sehr kriegerisches Volk waren, sie dennoch wie oben erwähnt über kein stehendes Heer verfügten. Dieses wurde lediglich nach Bedarf aufgestellt, wobei die Armee sowohl aus Adligen als auch aus dem gewöhnlichen Volk bestand. Da die Soldaten nicht bezahlt wurden, war die einzige Möglichkeit für diese, für ihre Mühen entlohnt zu werden, sich im Falle des Sieges einen möglichst großen Anteil an der Beute zu sichern. Nach welchen Kriterien ein bestimmter Ort als nächstes Ziel für einen Eroberungsfeldzug bestimmt wurde, weiß man nicht genau. Man vermutet, dass jene Städte beliebte Angriffsziele waren, die in großer Menge über Rohstoffe oder sonstige Produkte verfügten, derer die Azteken habhaft werden wollten. Ein weiterer Grund dürfte die Überführung von Gefangenen gewesen sein, welche dann als Menschenopfer in den einheimischen Tempeln dargebracht werden konnten. In den überlieferten Quellen wird jedoch immer ein bestimmter Anlass genannt, welcher den Angriff hervorgerufen haben soll. Dieses angebliche Unrecht, welches den Azteken von jenen anderen Städten zugefügt worden sein soll, war jedoch oftmals von ihnen selbst provoziert worden (vgl. Prem 1999: 38/39).

3.2.2 Die gesellschaftliche Ordnung

Die verschiedenen Stadtstaaten in Zentralmexiko waren sich, ebenso wie die drei Bündnispartner, nicht nur auf kultureller, sondern auch auf gesellschaftlicher Ebene sehr ähnlich. Es gab zwei Gesellschaftsschichten, welche jedoch in sich noch weiter unterteilt waren. Auf der einen Seite stand der Geburtsadel, welchem ca. zehn Prozent der Bevölkerung angehörten. Die Mehrzahl der Einwohner gehörte der nicht-adligen Bevölkerung an. Zu welcher Gruppe man gehörte, stand von Geburt an fest: Man blieb sein Leben lang in der Schicht, in die man hineingeboren worden war. Die einzige Möglichkeit aufzusteigen war militärischer Erfolg. Dieser war auch die Voraussetzung, wenn man öffentliche Ämter bekleiden wollte. Im Krieg erfolgreiche Nicht-Adlige konnten dadurch auch Ländereien zugewiesen bekommen und Tributfreiheit erlangen. Sie stellten den so genannten Dienstadel dar, welcher jedoch nicht vererbbar war (vgl. Prem 1999: 45/46).

Ganz oben in der Hierarchie befand sich jeweils der absolute Herrscher (vgl. Prem 1999: 19). Manche Stadtstaaten hatten jedoch auch mehrere Herrscher, die einander gleichgestellt waren.

Es war üblich, dass regelmäßig Eheschließungen zwischen der jeweils herrschenden Dynastie und Frauen aus mächtigen Adelshäusern anderer Städte stattfanden, weshalb die verschiedenen Herrscherhäuser des Aztekenreiches allesamt miteinander verschwägert waren. Die Dynastien von Tenochtitlan und Tetzcoco beispielsweise waren in jeder Generation durch gegenseitige Heirat miteinander versippt. Die Herrscher der Stadtstaaten hatten sowohl administrative und richterliche als auch religiöse Aufgaben. Der Palast, in welchem die herrschende Dynastie residierte, stellte in politischer und wirtschaftlicher Hinsicht das Zentrum des Staates dar. Zudem war es an den jeweiligen Herrschern, über die Führung von Kriegszügen zu entscheiden (vgl. Prem 1999: 48/49).

Unter dem Herrscher standen die Mitglieder des Geburtsadels, welche verschiedene wichtige Ämter in den Bereichen der Militärorganisation, der Tributverwaltung, der Rechtsprechung sowie der Priesterschaft innehatten, wobei es auch möglich war, von einem weltlichen Amt zu einem religiösen zu wechseln und umgekehrt. Der Adel war in sich wiederum in mehrere Schichten untergliedert, je nach Machtposition und Besitz der jeweiligen Adelsfamilie. Das Oberhaupt des Adelsgeschlechtes konnte seine Position nicht automatisch vererben, sondern sein Nachfolger wurde in der Regel derjenige seiner Söhne, welcher sein Amt am gewissenhaftesten bekleidet und im Krieg seinen Mut bewiesen hatte. Es gab jedoch auch Ausnahmen: In einzelnen Fällen wurde die Führung einer Dynastie an die Tochter des verstorbenen Oberhauptes übergeben (vgl. Prem 1999: 46-49).

Nun zur nicht-adligen Bevölkerung. Unter dieser sind besonders die spezialisierten Handwerker sowie die Fernkaufleute erwähnenswert. Hierbei möchte ich zuerst auf die Fernkaufleute eingehen. Diese waren von den anderen Nicht-Adligen deutlich abgegrenzt und zudem höhergestellt als diese. Es gab Wohnviertel, in denen ausschließlich Fernkaufleute lebten. Überdies hatten sie sogar ihre eigenen Zeremonien und Verhaltensregeln, die nur innerhalb ihrer Gruppierung existierten. Sie verfügten über ein eigenes Gerichtswesen und waren zudem von bestimmten Leistungen, die die übrigen Nicht-Adligen erbringen mussten, befreit. Einige vermochten immense Reichtümer zu gewinnen und so eine gesellschaftlich gehobene und sogar fast dem Adel gleichgestellte Stellung zu erlangen. Bei den spezialisierten Handwerkern, welche unter anderem Gold- und Silberschmiede sowie Federarbeiter und Edelsteinschneider umfassten, war die Situation ähnlich: Sie bildeten eigene gemeinschaftliche Verbände und lebten ebenso wie die Fernkaufleute in separaten Wohnvierteln und hatten sogar ihre eigenen Götter (vgl. Prem 1999: 51/52).

Bezüglich der Situation der Bauern muss man zwischen Tenochtitlan und dem Rest des Reiches unterscheiden. Aufgrund der geringen Fläche der Stadt (schließlich war sie auf einer

Insel erbaut und wurde somit auf natürliche Art und Weise durch das Wasser des umgebenden Sees begrenzt) arbeitete lediglich ein relativ geringer Teil der Einwohner Tenochtitlans in der Landwirtschaft. Im Verhältnis dazu stellten die Adligen, Kunsthandwerker und Händler einen ungewöhnlich großen Teil der Bevölkerung. Um diesen zu versorgen, mussten von den Stadtstaaten auf dem Festland ständig Tribute eingezogen werden. Ein Faktor, der jedoch für höhere Nutzbarkeit der landwirtschaftlichen Fläche sorgte, waren die so genannten Chinampas, Felder, die an den Seiten von schmalen, baumbestandenen Kanälen begrenzt waren, welche die Feuchtigkeit des Bodens regulierten. Durch diese konnten in Tenochtitlan mehrere Ernten pro Jahr eingefahren werden. Auch auf dem Festland waren die Chinampas verbreitet. Sogar in den Gebieten des Hochlandes war durch diese ein recht erfolgreicher Anbau von Lebensmitteln möglich (vgl. Prem 1999: 33/34).

Sieht man einmal von Tenochtitlan selbst ab, so gehörte die Mehrzahl der Bewohner der anderen Städte des aztekischen Reiches jedoch der bäuerlichen, nicht-adligen Schicht an. Ein Teil von ihnen war auch als Handwerker tätig. Die zentrale Einheit, die für diese Menschen von Bedeutung war, war der Haushalt. Dieser setzte sich aus der aus mehreren Generationen bestehenden Familie zusammen, welche mehrere Geschwister zusammen mit deren Ehepartnern und Kindern umfasste. Die Ehepaare lebten bei der Familie des Mannes. Es kann sein, dass in manchen Fällen diesen Haushalten noch weitere Familien angehörten, die mit der Stammfamilie nicht verwandt waren (vgl. Prem 1999: 49/50).

Die unterste Bevölkerungsschicht ist von ihrem gesellschaftlichen Rang her nicht eindeutig zu definieren bzw. nicht ohne Probleme mit unserem Weltbild in Einklang zu bringen. In den Quellen werden diese Menschen *tlaco'tli* genannt; hierbei wäre am ehesten die Übersetzung *Sklaven* passend, jedoch auch nicht hundertprozentig, da diese den Sklavenstatus nur für eine begrenzte Zeit hatten und danach wieder frei waren. Zu einem *tlaco'tli* wurde man entweder freiwillig, mit dem Ziel, damit Schulden abzuarbeiten, oder unfreiwillig, als Strafe für begangene Verbrechen. Die zu erledigenden Arbeiten fielen vor allem im Haushalt an. Nach Ablauf des entsprechenden Zeitraums waren sie frei, dorthin zu gehen oder zu tun, was sie wollten, ebenso wie ihre Ehepartner und Kinder – man sieht also, dass dies nicht unserem europäischen Begriff von *Sklaven* entspricht. Nur in Ausnahmefällen konnte jemand nach einem bestimmten Urteil zu lebenslanger Zwangsarbeit verurteilt werden (vgl. Prem 1999: 52/53).

3.2.3 Kalender

Die Azteken verfügten über mehrere Kalender, in welche die kultischen Feste eingebettet waren. Der wichtigste Kalenderzyklus war der des Wahrsagekalenders, welcher einen Rhythmus von 260 Tagen hatte. Dieser entstand durch eine Kombination von 20 verschiedenen Zeichen, welche die Namen von Naturerscheinungen und Tieren hatten. Diese wiederum konnten mit Zahlen, welche von 1 bis 13 reichten, kombiniert werden. Dadurch entstand schließlich das 260 Tage lange Jahr. Um die Zukunft vorhersagen zu können, wurden zusätzlich zum Kalender besondere Bilderschriften verwendet, die mit Hinweisen versehen waren, an welchem Tag man am besten welche Tätigkeit ausübte und welche nicht. Das „normale" Jahr hingegen bestand wie bei uns heute auch aus 365 Tagen. Diese waren in 18 Monate untergliedert, welche wiederum aus 20 Tagen bestanden. Mit diesem System blieben am Schluss des Jahres 5 Tage übrig, welche einfach am Ende angehängt wurden und als Unglückstage galten, weshalb man an ihnen keine wichtigen Tätigkeiten unternahm (vgl. Prem 1999: 56).

3.2.4 Schrift und Zahlensystem

Die Azteken hatten keine Texte in unserem heutigen Sinne, das heißt, aneinandergereihte Symbole, die abstrakt verständlich sind, sondern so genannte Codices, Schriften, welche aus Bildern bestanden, sehr vereinfacht mit unseren heutigen Bilderbüchern vergleichbar. In diesen Codices oder Faltbüchern wurden die verschiedensten Elemente, welche das Leben der Azteken prägten, niedergeschrieben, wie zum Beispiel Erzählungen, Rituale, religiöse Gesänge und geschichtliche Ereignisse. Die Mehrzahl der Codices wurde von den spanischen Eroberern vernichtet. Zum Glück für die Wissenschaft gibt es jedoch noch vierzehn Stück, die gerettet werden konnten (vgl. Indianer-Welt: Azteken – Die Schrift).

Die Azteken rechneten anhand eines Zwanziger-Systems, während wir heutzutage ein Zehner-System haben. Die Basiseinheiten wurden mit jeweils eigenen Zeichen dargestellt - zum Beispiel war das Symbol für 20 eine Fahne (vgl. Indianer-Welt: Azteken – Die Schrift).

3.2.5 Religion und Kult

Sowohl bei den Azteken als auch bei ihren Nachbarstaaten stellte die Religion den Grundpfeiler des gesamten Alltags dar. Vom Familienleben und den täglichen Arbeiten bis zur offiziellen Politik des Staates war alles von der Religion beeinflusst. Obwohl natürlich jeweils lokale Varianten existierten, war das System dennoch im Großen und Ganzen relativ einheitlich. Das Wissen, welches die Forschung über die Religion der Azteken hat, ist leider nicht sehr umfangreich, da die Conquistadoren alles daran setzten, die einheimischen

Religionen schnellstmöglich zu zerstören und durch das Christentum zu ersetzen (vgl. Prem 1999: 53).

Was man weiß, ist Folgendes: Die Azteken glaubten daran, dass die ganze Welt einer kosmischen Ordnung unterworfen sei, der sogar die Götter selbst nichts entgegensetzen konnten. Das aztekische Pantheon verfügte über eine unüberschaubare Anzahl an Gottheiten. Die jeweiligen Götter genau zu identifizieren und sie den Bedeutungen, die sie für die Menschen hatten, zuzuordnen, ist der Forschung bisher nicht gelungen. Einige wenige Götter sind uns heute jedoch bekannt: Quetzalcoatl war der Schöpfergott. Ihm wurden die wichtigsten Erfindungen der Menschheit zugeschrieben; er war jedoch auch für die Nahrungsmittel zuständig. An der Golfküste wurde er E'ecatl genannt und hatte die zusätzliche Konnotation des Gottes des Windes; in einer anderen Variante wurde er Yacatecutli genannt, der Gott der Kaufleute. Überdies wurde Quetzalcoatl auch als Morgenstern verehrt. Die größte Verehrung wurde jedoch zwei anderen Göttern entgegengebracht. Diesen war auch der Haupttempel geweiht. Der eine war Huitzilopochtli, welcher die Azteken von Aztlan aus nach Tenochtitlan geführt haben soll. Der andere war Tlaloc, der Gott des Regens, welcher bereits seit Urzeiten verehrt wurde. Überdies waren für die Azteken die Götter und Göttinnen, die für den Mais und den Agavensaft zuständig waren, von Bedeutung; ferner die Göttinnen der Geburt und der Fruchtbarkeit, die Gottheiten des Todes und der Unterwelt sowie der Gott der Vorsehung (vgl. Prem 1999: 53-55).

Bei religiösen Zeremonien spielten wie bereits erwähnt Menschopfer, welche eine bestimmte Gottheit repräsentierten, eine bedeutende Rolle. Auf die Menschenopfer werde ich im nächsten Unterkapitel noch genauer eingehen (vgl. Prem 1999: 56).

Es gab jedoch nicht nur von staatlicher Seite aus religiöse Bräuche und Zeremonien. Auch im Alltag begingen die Menschen kultische Handlungen. Hierbei wurden verschiedenen Figuren Opfer dargebracht, welche allerdings harmlos waren und nichts mit den Menschopfern der offiziellen Zeremonien zu tun hatten. Auf allen Ebenen der Religion waren rituelle Handlungen von Bedeutung. Dazu gehörten die Selbstkasteiung, bei der man sich selbst mittels Stacheln oder Dornen Blut entnahm, welches man dann auf speziellen Opferpapieren den Göttern darbrachte, aber auch kultisches Tanzen, Tieropfer, Fasten, die Darbringung von Weihrauch und verdienstvolle Handlungen für das Allgemeinwohl wie die Säuberung eines öffentlichen Platzes (vgl. Prem 1999: 57).

Von zentraler Bedeutung für die Einwohner Tenochtitlans war der Ballspielplatz, welcher sich im Tempelbezirk befand. Die Spieler wurden in zwei Mannschaften aufgeteilt und mussten einen Hartgummiball durch einen der Ringe schleudern, welche sich am Rande des

Spielfeldes befanden. Das Ballspiel hatte für die Azteken symbolische Bedeutung und stand in direkter Verbindung zu kosmischen Vorgängen (vgl. Prem 1999: 32).

3.2.6 Menschenopfer

Wie oben bereits erwähnt sind die Berichte über die Menschenopfer mit Vorsicht zu genießen, da sich ein großer Teil der heutigen Erkenntnisse auf Berichte der Conquistadoren stützt, welche ein Interesse daran hatten, die Indianer als so unmenschlich wie möglich dazustellen (vgl. Mexiko-Lexikon: Menschenopfer). Andererseits wurden jedoch archäologische Zeugnisse gefunden, welche die Theorie der Menschenopfer stützen (vgl. Mexiko-Lexikon: Menschenopfer der Maya). In welchem Umfang diese stattgefunden haben, ist jedoch nicht sicher (vgl. Mexiko-Lexikon: Menschenopfer). Im Folgenden werde ich den momentanen Wissensstand der Forschung bezüglich der Menschenopfer der Azteken darstellen:

Nach dem aztekischen Glauben waren Menschenopfer vonnöten, „um den Fortbestand der Welt zu sichern" (Mexiko-Lexikon: Menschenopfer der Azteken), da die geopferten Menschen den Gottheiten als Nahrung dienten. Es wird berichtet, dass pro Jahr bis zu 50 000 Menschen geopfert worden sein sollen. Die Forschung zweifelt diese hohen Opferzahlen jedoch an und vermutet, dass diese völlig übertrieben sind. Professor Prem beispielsweise geht davon aus, dass in Tenochtitlan deutlich weniger als 1000 Menschen jährlich geopfert wurden (vgl. Mexiko-Lexikon: Menschenopfer der Azteken).

Je nachdem, welcher Gottheit die Menschopfer dargebracht wurden, variierten sowohl die Todesart als auch die Auswahl der Menschen, die geopfert werden sollten. Die Opfer waren meist entweder „Auserwählte" oder Kriegsgefangene, Frauen und Kinder. Die Art und Weise, in der diese Menschen getötet wurden, war höchst unterschiedlich (vgl. Mexiko-Lexikon: Menschenopfer der Azteken): „Die Art der Tötung umfasste Enthauptung, Erschießen, Ertränken, Einmauerung, Häuten, Hungertod, Verbrennen und das Herausreißen von Herzen bei lebenden Opfern." (Mexiko-Lexikon: Menschenopfer der Azteken)

Für die Azteken war das Leben der Menschen auf der Erde weniger wichtig als das nach dem Tod, da für sie der Tod der Beginn des neuen, wirklichen Lebens war. Das irdische Leben hingegen wurde als Gefängnis empfunden. Deshalb war es für die Azteken sehr wichtig, auf welche Art und Weise sie starben. Sie glaubten daran, dass es verschiedene Formen bzw. Orte des Jenseits gäbe, und je nachdem, wie man gestorben war, kam man an den einen oder den anderen Ort: *Tonatiuh Ichan* war das Sonnenhaus oder Paradies der Azteken. Dorthin vermochten nur Krieger zu gelangen, die im Kampf gefallen waren sowie Menschen, die den Göttern geopfert worden waren. Natürlich wünscht sich jeder Azteke von Herzen, dorthin zu gelangen. Alle anderen, das heißt, alle, die auf natürliche Weise oder als Folge einer begangenen Sünde gestorben waren, kamen nach *Mictlan*, die Unterwelt. Dieser Ort war aztekischen Vorstellungen zufolge so schrecklich, dass alle sich fürchteten, nach ihrem Tod dorthin zu kommen. Wenn man dies weiß, kann man auch besser nachvollziehen, warum der Opfertod für viele Azteken erstrebenswert schien: Weil dadurch nicht nur das Gleichgewicht des Kosmos bewahrt wurde, sondern ihnen zudem ewiges Leben im Paradies gewährt wurde (vgl. Mexiko-Lexikon: Menschenopfer der Azteken).

3.3 Fazit

Beim Lesen des vorangegangenen Kapitels wird man festgestellt haben, dass zwischen den Kulturen der Maya und Azteken große Ähnlichkeit bestand. Eine der Ursachen hierfür ist zweifelsohne die Tatsache, dass beide auf die Olmeken zurückgehen, welche als eine Art Mutterkultur aller anderen mesoamerikanischen Völker gelten können. Hinweise darauf liefert der Umstand, dass beide über ein (wenn auch unterschiedlich aufgebautes) Schriftsystem verfügten und noch dazu ein sehr ähnliches Zahlen- und Kalendersystem hatten. Zudem nahm in beiden Kulturen das rituelle Ballspiel einen bedeutenden Platz ein, was alles auch bei den Olmeken der Fall gewesen war.

Im Folgenden möchte ich auf die einzelnen Details der Maya- bzw. Aztekenkultur zum Zeitpunkt ihres absoluten Höhepunktes eingehen, wobei dieser bei den Maya wie oben bereits erwähnt einige Jahrhunderte früher anzusiedeln ist als bei den Azteken.

Bezüglich der Struktur des Reiches kann man sagen, dass diese bei beiden sehr ähnlich war. Beide hatten keinen einheitlichen Staat, sondern eine Vielzahl verschiedener Stadtstaaten, welche aus der jeweiligen Hauptstadt und den dahinter liegenden bäuerlich geprägten Dörfern und Siedlungen bestanden. Die Städte beider Kulturen hatten eine hohe Einwohnerzahl und wiesen bereits sehr urbane Züge auf. Die Maya-Staaten führten häufig Krieg gegeneinander, und auch die Azteken waren ein sehr kriegerisches Volk. Trotz der bewaffneten Auseinandersetzungen war bei beiden Kulturen dennoch in den verschiedenen Stadtstaaten in kultureller und religiöser Hinsicht eine relative Homogenität vorhanden. Auffällig ist jedoch, dass sowohl die Maya als auch die Azteken über kein stehendes Heer verfügten. Die Armee wurde nur nach Bedarf zusammengerufen und setzte sich aus Adligen und gewöhnlichem Volk zusammen. In beiden Kulturen standen bei Kriegszügen vor allem wirtschaftliche Aspekte im Vordergrund. Die Maya suchten ständig neue Städte zu Tributleistungen zu zwingen, und die Azteken hofften auf Kriegsbeute; vor allem die Soldaten hofften hierauf, da sie sonst keine Bezahlung erhielten. Überdies vermutet man, dass die Azteken vor allem jene Städte angriffen, die über Rohstoffe verfügten, derer sie selbst habhaft werden wollten.

Nun zur gesellschaftlichen Ordnung. Jeder Stadtstaat wurde von einem absoluten Herrscher angeführt. Hierbei war es bei den Maya jedoch immer nur ein Herrscher, während es bei den Azteken vorkommen konnte, dass es in einer Stadt mehrere Herrscher gab. Bei den Maya wurde der Nachfolger des jeweiligen Herrschers immer automatisch dessen Sohn, während bei den Azteken zumindest bei den dem obersten Herrscher unterstellten Adligen unter den Söhnen des Oberhauptes des Adelsgeschlechtes derjenige ausgewählt wurde, der die meisten Erfolge im Krieg gehabt und sein Amt am gewissenhaftesten bekleidet hatte. In Ausnahmefällen konnte sogar die Tochter des Oberhauptes zur Nachfolgerin bestimmt werden. Sowohl bei den Maya als auch bei den Azteken hatten die Könige zunächst einmal die gewöhnlichen Aufgaben inne, die man von einem Herrscher erwartet: Den Staat zu repräsentieren, zu leiten und dessen Geschicke zu lenken. Darüber hinaus hatten die Herrscher der Maya jedoch noch zusätzlich religiöse und kultische Aufgaben inne. So waren sie beispielsweise dazu angehalten, sich regelmäßig selbst zu kasteien, indem sie eine Reihe sehr schmerzhafter Rituale ausführten. Dies wurde bei den Azteken in keiner der mir bekannten Quellen ausdrücklich erwähnt. Schmerzhafte rituelle Handlungen existierten zwar auch hier, jedoch scheint nicht nur explizit der Herrscher, sondern das ganze Volk zu solchen Handlungen aufgefordert gewesen zu sein, gleichgültig, welchen gesellschaftlichen Rang man innehatte.

Der Adel machte bei Maya und Azteken prozentual den geringsten Teil der Bevölkerung aus. Die Mitglieder des Hochadels waren jeweils in diese Schicht hineingeboren worden. Hierbei gab es jedoch einen kleinen Unterschied zwischen Maya und Azteken: Bei den Maya gab es noch die zusätzliche Möglichkeit, in die Adelsschicht einzuheiraten, was bei den Azteken nicht der Fall gewesen zu sein scheint; zumindest wird es nicht explizit erwähnt. Im Gegenzug gab es bei den Azteken jedoch den so genannten Dienstadel, welchem man durch besondere militärische Leistungen angehören konnte und welcher bei den Maya nicht existierte.

Sowohl bei den Maya als auch bei den Azteken gab es zusätzlich noch eine Schicht, welche zwar zur nicht-adligen Bevölkerung gehörte, jedoch höher gestellt war als die Bauern und somit sozusagen eine Art Zwischenstufe bildete. Bei den Maya waren dies die Kunsthandwerker (wobei man sich in Bezug auf diese nicht hundertprozentig sicher ist, ob sie wirklich einen höheren Rang bekleideten – es wird jedoch stark angenommen) und die Mitglieder der weltlichen und religiösen Verwaltung, wie zum Beispiel Steuereintreiber und

Kalenderpriester. Bei den Azteken waren dies Fernkaufleute und spezialisierte Handwerker wie Gold- und Silberschmiede.

Die Bauern lebten sowohl bei den Maya als auch bei den Azteken im Familienverband, wobei die Familie nicht nur ein Ehepaar und dessen Kinder, sondern eine ganze Großfamilie mit weiteren Verwandten umfasste. Die Familienstrukturen waren hierbei patrilinear aufgebaut. Interessant ist, dass beide über ein ausgeklügeltes künstliches Bewässerungssystem verfügten, in welchem den Feldern mittels Kanälen Wasser zugeführt wurde.

Bezüglich der Sklaven bestanden bei Maya und Azteken jedoch signifikante Unterschiede. Bei den Maya wurden diese vor allem zu Arbeiten auf den Feldern und Baustellen herangezogen, während sie bei den Azteken vor allem im Haushalt mitarbeiten mussten. Ein noch wichtigerer Unterschied war jedoch, dass die Sklaven der Azteken keine Sklaven im eigentlichen Sinne waren, das heißt, dass sie diesen Status nur für einen begrenzten Zeitraum innehatten und nach Ablauf einer bestimmten Frist wieder freie Menschen waren, während in den mir vorliegenden Quellen über die Maya kein einziges Mal erwähnt wird, dass deren Sklaven die Möglichkeit hatten, frei zu kommen. Auffällig ist auch, dass man bei den Maya zum Sklaven werden konnte, wenn die Eltern versklavt waren, während bei den Azteken nach Ablauf der Zeit, in der man als Sklave galt, auch die Ehefrauen und Kinder frei waren. Nur in absoluten Ausnahmefällen konnte man zu lebenslanger Zwangsarbeit verurteilt werden. Gemeinsam war den beiden Kulturen jedoch, dass man durch das Begehen eines schweren Verbrechens oder bei Unfähigkeit, seine Schulden zurückzuzahlen, zum Sklaven werden konnte.

Nun zum Kalender. Hier hatten Maya und Azteken genau dasselbe System. Beide hatten einen Kalender, den sie für die gewöhnlichen Alltagsangelegenheiten verwendeten, und einen Wahrsagekalender. Der normale Kalender hatte wie bei uns heute auch 365 Tage, welche in Einheiten von 18 Monaten eingeteilt waren, die jeweils 20 Tage umfassten. Am Ende des Jahres waren fünf Tage übrig, welche einfach angehängt wurden. Der Wahrsagekalender hingegen hatte nur 260 Tage und diente dazu, die Zukunft vorherzusagen. Sowohl bei den Maya als auch bei den Azteken hatten die Monate Namen. Man kann also sagen, dass die Übereinstimmungen beim Kalender wirklich sehr auffällig sind.

Bei den Schriftsystemen waren hingegen nur wenige Gemeinsamkeiten vorhanden, wenn man einmal davon absieht, dass beide auf die Olmeken zurückgingen. Die Schrift der Maya war jedoch viel entwickelter als die der Azteken, da sie die einzige der Kulturen, welche an das Gebiet der Olmeken angrenzten, war, die deren Schrift weiterentwickelte und zugleich den lautbezogenen Aspekt beibehielt. Daher war die Maya-Schrift viel abstrakter als die der

Azteken, da sie, ähnlich unserem heutigen Alphabet, auf Lauten basierte und nicht auf Bildern, weshalb sie eine voll textfähige Schrift war, die man ohne weitere Erklärungen oder Bilder verstehen konnte. Die Schrift der Azteken war im Gegensatz dazu eine Bilderschrift, das heißt, nicht abstrakt verständlich. Die Faltbücher, in welchen die aztekischen Schriften enthalten waren, wurden leider größtenteils zerstört, während man bei den Maya eine große Anzahl an Steinschriften gefunden hat, anhand derer man sich ein anschauliches Bild von der Maya-Schrift zu machen vermochte. Auffällig ist auch, wie früh sich die Maya-Schrift entwickelte. Um 300 n. Chr. war sie bereits so weit, dass sie ohne zusätzliche Erklärungen vollkommen verständlich war, also zu einem Zeitpunkt, an dem die Forschung keinerlei Anhaltspunkte darüber hat, an welchem Ort und auf welcher Entwicklungsstufe sich die Azteken bzw. deren Vorfahren befanden. Gemeinsam war den beiden Kulturen jedoch – im Gegensatz zur Schrift – das Zahlensystem, welches jeweils auf einem Zwanzigersystem beruhte.

Auch Religion und Kult waren bei Azteken und Maya sehr ähnlich. Beispielsweise verfügten beide über eine Vielzahl von Göttern. Interessant ist hierbei, dass bei beiden die Götter der Fruchtbarkeit sowie des Regens und des Maises im Vordergrund standen. Ich denke, man kann dies damit erklären, dass es sich hierbei um die grundlegenden Dinge des Lebens handelte, die bei den Indianern zu jener Zeit im Vordergrund standen und für sie von essentieller Bedeutung waren: Fruchtbarkeit und Geburt waren die Voraussetzungen allen Lebens, ohne sie gäbe es keine Menschen und auf den Feldern würde nichts wachsen. Auch ohne Regen wären die Menschen verloren, da sie verdursten und ihre Nahrung vertrocknen würde. Dass bei beiden der Maisgott eine zentrale Gottheit darstellte, ist ebenfalls verständlich, da der Mais die wichtigste Nahrungsgrundlage jener Menschen war und sich die Maya sogar als *Menschen aus Mais* bezeichneten. Interessant ist, dass beide den Gott Quetzalcoatl verehrten. Dieser hieß bei den Maya Kulkulcán und war der Gott der Winde, der Künste und der Medizin, während er bei den Azteken die wichtigsten Erfindungen der Menschheit verkörperte und außerdem für die Nahrungsmittel stand. An der Golfküste hatte er jedoch, genau wie bei den Maya, noch die zusätzliche Konnotation des Gottes des Windes. In einer weiteren Variante war er der Gott der Kaufleute. Man sieht also, dass trotz der Tatsache, dass Quetzalcoatl und Kulkulcán im Prinzip dieselbe Gottheit verkörperten (Quetzalcoatl war ursprünglich der Gott der Tolteken und Olmeken gewesen, und Maya und Azteken scheinen sich diesen angeeignet zu haben), dennoch je nach Region unterschiedliche Aspekte seiner Persönlichkeit im Vordergrund standen. Außerdem waren bei den Azteken die Gottheiten des Todes und der Unterwelt sehr wichtig, während dies bei den Maya nicht der

Fall gewesen zu sein scheint. Mein Theorie ist an dieser Stelle, dass in der Mythologie der Maya berichtet wird, wie die Götter der Unterwelt von den Zwillingen Hunahpu und Xbalanke besiegt werden und dass diese daher bei den Maya keinen so hohen Stellenwert hatten wie bei den Azteken. Dies ist jedoch nur eine Vermutung.

Überdies war das Ballspiel ein zentrales Element beider Kulturen, wobei diese Art der kultischen Handlung für die Maya noch eine Spur wichtiger gewesen zu sein scheint als für die Azteken. Das Spiel an sich wies jedoch bei beiden dieselben Eigenschaften auf: Die Spieler wurden in zwei Mannschaften aufgeteilt und ein Ball musste - zumindest in einigen Varianten - durch einen Steinring getrieben werden. Bei den Maya wurde hierbei eine Geschichte des Popol Vuh nachgestellt, was bei den Azteken natürlich nicht der Fall war. Dennoch hatte das Ballspiel auch bei ihnen symbolische Bedeutung und sollte die Verbindung zu kosmischen Vorgängen darstellen. Das Ballspiel diente somit in beiden Kulturen religiösen Zwecken und war nicht, wie dies heute üblich ist, als Zeitvertreib gedacht.

Bezüglich der Menschenopfer lässt sich sagen, dass diese wie bereits oben erwähnt sowohl bei den Maya als auch bei den Azteken nicht hundertprozentig nachweisbar sind, da man vermutet, dass die Spanier bei ihren Berichten über die indigenen Völker Amerikas versuchten, diese in ein möglich schlechtes Licht zu rücken, um die Überlegenheit ihrer eigenen Kultur zu demonstrieren. Die Forschung ist sich jedoch relativ sicher, dass Menschenopfer in irgendeiner Form stattgefunden haben müssen, da diese auch auf präkolumbianischen Malereien zu sehen sind und überdies Knochenfunde gemacht wurden, die belegen, dass an heiligen Orten Menschen geopfert worden sind. Die Art und Weise, in welcher Maya und Azteken ihre Opfer töteten, variierte in beiden Kulturen. Auffällig ist jedoch, dass bei beiden die doch recht grausamen Tötungsmethoden des Häutens, Verbrennens und Herausschneidens des Herzens üblich gewesen zu sein scheinen (wobei dies natürlich wiederum eine Übertreibung der Spanier sein kann). Auch waren beide Kulturen überzeugt, dass sie Menschenopfer darbringen mussten, da die Götter dies von ihnen forderten. Kämen sie dieser Aufforderung nicht nach, so wäre die kosmische Ordnung gefährdet. Auch war für Maya und Azteken das Leben nach dem Tod wichtiger als das Leben im Diesseits. Sie hatten die Vorstellung, dass die Geopferten direkt zu den Göttern ins Paradies aufstiegen, während auf natürliche Weise ums Leben gekommene Menschen in die Unterwelt hinabsteigen mussten, die man sich als einen Ort des Schreckens vorstellte. Deshalb nimmt es nicht wunder, dass sich jederzeit genügend Menschen fanden, die sich opfern lassen wollten, wenn man bedenkt, dass ihnen dafür ewiges Leben mit den Göttern im Paradies versprochen wurde.

Zusammenfassend lässt sich sagen, dass sich die Kulturen der Maya und Azteken trotz einiger Unterschiede doch überraschend ähnlich waren, was insofern erstaunt, als die Blütezeit der Maya Jahrhunderte vor der der Azteken war und die beiden Kulturen noch dazu in unterschiedlichen Regionen lebten. Wenn man jedoch bedenkt, dass ein Großteil ihrer kulturellen Aspekte auf die Olmeken zurückgeht, und sich die Heimat der Olmeken genau zwischen dem Gebiet der Maya und dem der Azteken befand, so kann man sich ihre Ähnlichkeit doch zumindest teilweise erklären.

4 Der Untergang einer Hochkultur

4.1 Maya

4.1.1 Niedergang der Maya-Hochkultur am Ende der Klassik

4.1.1.1 Fremde Eindringlinge

Das Ende des achten Jahrhunderts war im Süden Mesoamerikas der Beginn einer Zeit des Umbruchs. Verschiedene mexikanische Gruppen wanderten gen Süden, was so gravierende Folgen für die Maya-Gesellschaft hatte, dass es sogar Berichte darüber aus der Kolonialzeit gibt, obwohl jene Ereignisse zu diesem Zeitpunkt schon Jahrhunderte zurücklagen. Den großen Einfluss, welchen die ins Maya-Gebiet einwandernden Gruppen hatten, kann man an verschiedenen Dokumenten festmachen: an historischen Berichten, am veränderten Baustil und an der Vielzahl von Wörtern aus den zentralmexikanischen Nahua-Sprachen[4], die von den Maya in ihre eigene Sprache übernommen wurden (vgl. Riese 2002: 102).

Man vermutet, dass die mexikanischen Einwanderer zunächst an der Golfküste entlangwanderten und schließlich nach Tabasco[5] gelangten, wo sie Kontakte mit den dort lebenden Maya knüpften und ihre Wanderung dann als sogenannte Putun-Maya-Mischgruppe fortführten. In den folgenden ca. fünfzig Jahren wanderten sie entlang des Río Usumacinta südwärts. Die weitere Wanderungsbewegung kann die Forschung anhand des Fehlens von Inschriften rekonstruieren: Ab dem Ende des 8. Jahrhunderts wurden in vielen Städten keine klassischen Herrscherskulpturen mehr gefunden, was auf die Errichtung neuer Dynastien unter den mexikanischen Gruppen hindeutet. In Palenque war dies um das Jahr 780 herum der Fall, in Piedras Negras 795, in Yaxchilán 808. Auffällig ist hierbei, dass sowohl in den

---

[4] Nahuatl war ursprünglich die Sprache der Tolteken gewesen, wurde jedoch im Verlauf der Zeit von immer mehr Völkern gesprochen. Während der Blütezeit der Azteken war Nahuatl die offizielle Sprache Mesoamerikas (vgl. Mexiko-Lexikon: Náhuatl).
[5] Tabasco: „Mexikanischer Bundesstaat an der Golfküste." (Riese 2002: 143)

Inschriften der Denkmäler in Piedras Negras als auch in Yaxchilán von einer Vielzahl von Kriegen die Rede ist (vgl. Riese 2002: 102/103).

Danach ist jedoch ein Politikwechsel zu bemerken. Die folgenden Städte, welche unter den Einfluss der Putun gerieten (Altar de Sacrificios um das Jahr 850 herum und Seibal um 870), erlebten nämlich statt ihres Niedergangs eine - wenn auch relativ kurze - Nachblüte, da hier die Kultur der Putun und die der Maya miteinander verschmolzen bzw. auf friedliche Art und Weise miteinander koexistierten. Die letzte Region des Tieflandes, die dem Verfall anheim fiel, war 890 Petén (vgl. Riese 2002: 103).

Die nördlichen Regionen blieben zunächst von diesen Entwicklungen verschont. Die Putun, welche in indianischen Schriften der Kolonialzeit auch als Itsa bezeichnet werden, gelangten schließlich jedoch auch in den nördlichen Teil Yukatans und ließen sich in Chich'en Itsa nieder, welches zu ihrer Hauptstadt wurde. Nach kurzer Zeit wurden sie jedoch von dort vertrieben. Als nächstes drangen Tolteken nach Yukatan ein. Da ihr eigenes Reich zugrunde gegangen war, hatte sich ein großer Teil des Volkes dazu entschlossen, nach Osten auszuwandern. Auch diese Bevölkerungsgruppe wurde in Chich'en Itsa sesshaft. Auffällig ist hier jedoch, dass die Okkupation des Nordens durch die Tolteken und die Putun nicht dieselben drastischen Auswirkungen hatte wie im Süden, ja sogar das Gegenteil der Fall war: Chich'en Itsa prosperierte, und die Insel Kusamil[6] wurde darüber hinaus sogar zu einem bedeutenden Handelszentrum. Erst als um 1240 herum der Norden in dreizehn Kleinstaaten zerfiel, die gegeneinander Krieg führten, zeichnete sich auch hier der unwiderrufliche Zerfall der Maya-Hochkultur ab (vgl. Riese 2002: 103-105).

Das Hochland wurde zu jener Zeit von Maya-Indianern besiedelt, welche mit den anderen Maya-Gruppen verwandt waren und ähnliche Sprachen hatten. Diese hatten zuvor vor allem in den Tälern gesiedelt; nun wurden jedoch zusätzlich auf den Höhenzügen Burgen gebaut, welche als Rückzugsorte im Falle einer notwendigen Flucht dienten. Zur selben Zeit nahm die Bevölkerung deutlich ab. Man vermutet, dass der Grund hierfür ebenfalls der Einfall fremder Völker war. Eine Stütze für diese These ist die Tatsache, dass im Popol Vuh ebenfalls darüber berichtet wird. Zu Beginn des 13. Jahrhunderts schließlich wanderten die letzten Gruppen ins Hochland ein, darunter die Quiché, die militärisch gegen die dortige Bevölkerung vorgingen. Nachdem sie eine entscheidende Schlacht gewonnen hatten, ließen sie sich im Hochland nieder, wo sie sich mit den alteingesessenen Maya vermischten und sich relativ schnell an die sprachlichen und kulturellen Gegebenheiten vor Ort anpassten (vgl. Riese 2002: 105-107).

---

[6] Kusamil: „Yukatan östlich vorgelagerte große Insel." (Riese 2002: 139)

Im Folgenden zur Veranschaulichung eine Karte, welche die verschiedenen Regionen des Maya-Gebietes zeigt:

(Indianer-Welt: Maya – Landkarte)

4.1.1.2 Interne Ursachen

Zu jener Zeit (bzw. vermutlich sogar etwas früher), als das Hochland mit dem Einfall fremder Völker konfrontiert wurde, fielen im Osten des Maya-Gebietes die Dynastien von Copán und Quiriguá ebenfalls dem Niedergang anheim. Das Seltsame ist jedoch, dass die Forschung dort keinerlei Spuren von Eroberung oder Durchdringung fremder Volksstämme finden konnte. Daraus hat man den Schluss gezogen, dass es noch weitere Gründe für den Niedergang der klassischen Maya-Kultur geben muss (vgl. Riese 2002: 107/108).

Ein weiterer Faktor, der aufzeigt, dass das Eindringen relativ kleiner Stämme nicht der alleinige Grund gewesen sein kann, ist der Bevölkerungsrückgang, welcher im gesamten Tiefland zu verzeichnen war. Hierbei hat die Forschung die Theorie, dass sich die einzelnen Stadtstaaten der Maya zu jener Zeit so heftig gegenseitig bekriegt haben könnten, dass dadurch die interne Struktur des Maya-Reiches geschwächt und die Eroberung durch die mexikanischen Volksgruppen somit erst möglich gemacht wurde. Als direkte Folge dieser Schwächung brach dann vermutlich der internationale Handel zusammen, von welchem die Oberschicht des Tieflandes jedoch abhängig war, da viele Rohstoffe wie Obsidian oder Jade in ihrem eigenen Herrschaftsgebiet nicht vorkamen. Da Fernhandel nun nicht mehr möglich war, ist es naheliegend, zu vermuten, dass die Herrscherschicht dafür das einfache Volk vermehrt ausbeutete, was vielleicht zu Arbeitsverweigerung oder Revolten führte. Da die Kleinstaaten sich gegenseitig bekriegten, wurde die Bevölkerung vermutlich auch vermehrt zum Kriegsdienst herangezogen. Diese Kombination aus Aufständen und permanenten Kriegen untereinander müssen die Maya zweifelsohne zerrüttet haben. Als dann auch noch fremde Völkerscharen eindrangen, war dies dann sprichwörtlich der letzte Tropfen, der das Fass zum Überlaufen brachte: Die klassische Maya-Gesellschaft zerbrach (vgl. Riese 2002: 108).

Man sieht also, dass es nicht nur einen bestimmten Grund für den Niedergang der klassischen Mayakultur gab, sondern es ein Geflecht aus verschiedenen Faktoren war, die aufeinander einwirkten und sich gegenseitig verstärkten (vgl. Riese 2002: 108/109).

4.1.2 Die Conquista

Der endgültige Niedergang der Maya begann im Jahr 1511, als die ersten Spanier unter Führung von Juan de Valdivia auf Yukatan landeten. Zwar handelte es sich hierbei lediglich um 13 Personen; jedoch nur wenig später – ab dem Jahr 1517 – kamen von Kuba aus immer mehr Spanier nach Kusamil und an die Küste Yukatans. Die erste Gruppe kam unter Führung von Francisco Hernández de Córdoba, die zweite unter Juan de Grijalva und die dritte im Jahr 1519 unter Hernán Cortés. Diese ersten Eroberer hielten sich jedoch nicht lange auf Yukatan auf. Das Ziel Cortés beispielsweise war es, das Reich der Azteken zu erobern, was ihm 1521 auch gelang (siehe 4.2.1). Erst nach dieser Zeit wurden die Maya wirklich mit den spanischen Conquistadoren konfrontiert (vgl. Riese 2002: 117).

1527 stach Francisco de Montejo, ein ehemaliger Soldat aus Cortés Armee, von Sevilla aus mit 400 Mann in See, um Yukatan einzunehmen. Zuvor war er mit königlichen Privilegien versehen worden und hatte den Titel *Adelantado* erhalten. Im Verlauf desselben Jahres noch erreichte er die Insel Kusamil, von der aus er auf das Festland übersetzte. Zunächst erkundete er lediglich das Land, ohne die Bewohner zu behelligen. Doch im Laufe der Zeit reagierten die Indianer immer aggressiver auf die Fremden, sodass Montejo zweimal in einen Kampf mit ihnen geriet. Nach sechs Monaten wurde die weitere Eroberung Montejos Untergebenem Alonso Dávila übertragen. Dieser wurde jedoch vor allem in den Provinzen Waymil und Chaktemal in Kämpfe mit den Einheimischen verwickelt, in welchen seine Truppen fast vollständig aufgerieben wurden, und musste schließlich nach Honduras fliehen. Zur selben Zeit unternahm Francisco de Montejo, ein Sohn des Adelantado Montejo, den Versuch, Yukatan vom Westen her zu erobern. Die Provinzen Kanpech und Chanputun waren zwar zunächst bereit, sich zu unterwerfen, griffen dann aber doch zusammen mit anderen Stämmen die von den Spaniern gegründete Siedlung Salamanca de Campeche an. Die Spanier wurden jedoch gewarnt und konnten so rechtzeitig Vorkehrungen treffen, um die Angreifer erfolgreich abzuwehren. Durch diesen Erfolg beflügelt, entstand bei den Spaniern die Idee, im

Inneren des Landes eine Stadt zu errichten, mit deren Hilfe die gesamte Halbinsel kontrolliert werden konnte. Als Montejo 1532 ins Landesinnere vordrang, wurde ihm von den Batab, welche in der Umgebung Chich'en Itsas siedelten, ein herzlicher Empfang bereitet. Zu dieser Zeit war die Stadt bereits verlassen, sodass die Spanier beschlossen, sie sich zu eigen zu machen und in *Ciudad Real* umzutaufen. Sie versorgten sich mit Hilfe der angrenzenden Indianerdörfer, welche sie zur Entrichtung von Tribut zwangen. Der Friede währte jedoch nicht lange, denn die so ausgebeuteten Indianer begannen im darauffolgenden Jahr mit Hilfe von Stämmen anderer Provinzen die Belagerung Ciudad Reals. Als die Lebensmittel der Spanier aufgebraucht waren, flohen sie heimlich aus der Stadt und setzten ihren Weg bis in die Provinz Ah K'in Ch'el fort, welche zu ihren Verbündeten zählte. Sie beschlossen daraufhin, Ciudad Real an dem indianischen Küstenort Ts'ilam neu zu errichten (vgl. Riese 2002: 117-119).

Zu diesem Zeitpunkt begann sich jedoch die Nachricht von der Eroberung Perus durch Pizarro und den unermesslichen Reichtümern, welche es dort zu erbeuten gäbe, zu verbreiten, woraufhin ein Großteil der Soldaten desertierte. Zum Schluss waren so wenige in der zum zweiten Mal neu gegründeten Stadt zurückgeblieben, dass Ciudad Real wiederum verlassen wurde und die wenigen Zurückgebliebenen sich nach Campeche[7] zurückzogen. Campeche wurde jedoch ebenfalls Opfer der wachsenden Zahl an Desserteuren, sodass die Stadt 1534 aufgegeben werden musste. Campeche war die letzte Stadt gewesen, welche die Spanier auf Yukatan gehalten hatten (vgl. Riese 2002: 119).

Erst sechs Jahre später begannen Montejo und dessen Sohn zusammen mit anderen Eroberern einen erneuten Feldzug. Es gelang ihnen, das Fürstentum Mani sowie die an der Westküste liegenden Provinzen fast ausschließlich mit friedlichen Mitteln einzunehmen, sodass kaum gekämpft werden musste. Bemerkenswert ist, dass die Conquistadoren für die weitere Eroberung Yukatans von den Mani sogar Unterstützung erhielten. Der Grund hierfür war vermutlich, dass sich die Mani an den Kokom[8] rächen wollten, welche einige Jahre zuvor fast die gesamte Adelsschicht der Mani ermordet hatten (vgl. Riese 2002: 119/120).

Im Jahr 1542 wurde von den Spaniern an der Stelle der ehemaligen Mayastadt Tiho eine neue Siedlung gegründet (Mérida). Daraufhin wurde gegen die Provinzen Sotuta, Kochwah und Kupul ein grausamer Eroberungsfeldzug geführt. Nach deren Unterwerfung gründeten die Spanier im Zentrum von Kupul die Stadt Valladolid. Im Anschluss daran unterwarfen sich die angrenzenden Provinzen Ekab und Kusamil freiwillig. Die südlich dieses Gebiets gelegenen

---

[7] Campeche war von Montejo (dem Jüngeren) gegründet worden. Sie ist eine der ältesten von den Spaniern auf Yukatan gegründeten Städte (vgl. Mexiko-Lexikon: Campeche (Stadt)).
[8] Kokom: „Geschlecht in Yukatan." (Riese 2002: 139)

Staaten Waymil und Chaktemal hingegen wehrten sich verzweifelt, woraufhin sie von den Spaniern in einem blutigen Feldzug vernichtet wurden. Um diesen Sieg zu verankern, wurde die Stadt Salamanca de Bacalar gegründet. Yukatan war nun gänzlich in der Hand der Spanier (vgl. Riese 2002: 120).

4.2 Azteken

4.2.1 Die Conquista

Der Anfang vom Ende des Aztekenreiches begann im Jahr 1518, als Juan de Grijalba um Yukatan herum und dann entlang des Golfs von Mexiko weiter nach Norden fuhr. Ihm war aufgetragen worden, Gold gegen mitgebrachte Waren einzutauschen. Mit diesem Auftrag hatte er zunächst keinen wirklichen Erfolg; man sagte ihm jedoch, dass es weiter im Landesinneren ein sehr reiches Gebiet gebe, das über Unmengen an Gold verfüge. Daraufhin wurde beschlossen, eine Expedition ins Landesinnere auszuschicken, deren Leitung einem Mann übertragen wurde, der sich bereits seit vielen Jahren in Amerika aufhielt: dem berühmt-berüchtigten Hernán Cortés (vgl. Prem 1999: 106).

1519 brach Cortés mit elf Schiffen und ca. 500 Soldaten nach Yukatan auf. Einige Monate später erreichten die Spanier die Stelle, an der sich das heutige Veracruz befindet, wo sich Cortés und sein Heer mit den Indianern unterhielten, die sie vor Ort antrafen. Diese berichteten ihnen von einem gewaltigen Reich im Landesinneren. Als die Spanier schließlich selbst in die angegebene Richtung vorstießen, wurde ihnen klar, dass sie sich an den Grenzen einer hoch entwickelten Kultur befanden, welche mit den Völkern, denen sie bisher begegnet waren, nicht viel gemeinsam hatte. Cortés begann nun, die Eroberung des Aztekenreiches zu planen. Nachdem das Heer die Stadt Villa Rica de la Vera Cruz gegründet hatte, zog es weiter nach Cempoallan, wo sie von den Totonaken eingeladen worden waren. Er überredete die Totonaken, den Azteken nicht mehr Folge zu leisten, und versprach ihnen, sie dabei zu unterstützen. Mittels dieser Methode schaffte er es, eine Vielzahl indianischer Gruppierungen auf seine Seite zu ziehen, indem er an ihren gemeinsamen Hass auf die Azteken appellierte, welche die anderen Völker unterdrückten und ihnen Tribut abverlangten. Hierbei zeigte sich sein Geschick, die Streitigkeiten zwischen dem obersten Herrscher der Azteken und den lokalen Herrschern für sich zu nutzen (vgl. Prem 1999: 106-109).

Cortés begann nun damit, seine Expedition ins Landesinnere vorzubereiten, und trat in Verhandlungen mit Motecuzoma, dem Herrscher Tenochtitlans. Im August des Jahres 1519 brach das Expeditionsheer der Spanier schließlich auf. Im November desselben Jahres gelangten sie nach Tenochtitlan, wo Cortés bereits wenige Tage nach seiner Ankunft

Motecuzoma gefangen nehmen und unter Hausarrest stellen ließ. Durch diesen Schachzug ließ er das Volk deutlich erkennen, wer ihr neuer Herrscher war. Da Motecuzoma selbst seltsam nachgiebig auf die Vorgehensweise der Spanier reagierte, büßte er bei den Azteken rasch an Autorität ein. Weshalb der aztekische Herrscher sich so friedlich in sein Schicksal fügte, ist nicht bekannt. In Tenochtitlan suchten die Spanier derweil, die Überlegenheit des Christentums unter Beweis zu stellen, indem sie anstelle der indianischen religiösen Symbole Kreuze und Marienstatuen aufstellten. Überdies zwangen sie Motecuzoma, den jährlichen Tribut, den die verschiedenen Völker an ihn zahlen mussten, noch ein zweites Mal zu verlangen und ihnen diesen auszuhändigen. Dies war natürlich ein vollkommener Widerspruch zu ihren vorherigen Versprechen: Schließlich hatten sie den den Azteken unterworfenen Völkern Unterstützung im Kampf gegen deren unmäßige Tributforderungen zugesagt. Motecuzoma überließ den Conquistadoren zusätzlich noch den Inhalt seiner Schatzkammer, sodass die Spanier letzten Endes Unmengen von Gold ihr eigen nennen konnten (vgl. Prem 1999: 110-113).

Doch je länger sich Cortés und seine Männer in der Hauptstadt aufhielten, umso weniger wurde die Unterstützung seitens der Indianer. Sogar Motecuzoma, der die ganze Zeit über still alles erduldet hatte, drohte den Spaniern nun mit Krieg. Im April des Jahres 1520 schließlich erreichte ein Heer, welches von einem Mann namens Pánfilo de Narváez geführt wurde, die Küste. Motecuzoma versuchte, sich mit diesem gegen Cortés zu verbünden. Cortés schaffte es jedoch durch Bestechung und einen Überfall auf Narváez, bei welchem dieser verletzt wurde, dessen Truppe für sich zu gewinnen, wodurch sein eigenes Heer mit einem Schlag 1400 Köpfe mehr zählte. Zur selben Zeit war jedoch eine kleine Gruppe von Cortés Männern, die in Tenochtitlan geblieben war, von den Indianern belagert worden. Der Grund hierfür war, dass der Befehlshaber der Truppe, ein Mann mit Namen Pedro de Alvarado, auf einem aztekischen Fest hinterrücks einen Großteil des Adels hatte ermorden lassen (vgl. Prem 1999: 113).

Als die Spanier zurückkehrten, war Tenochtitlan ihnen feindlicher gesinnt denn je. Der für alle sichtbare Zwist zwischen Cortés und Narváez hatte den negativen Eindruck, den die Azteken schon des längeren von den Spaniern hatten, bestärkt. Genau in diesem Moment kam es zu einem schrecklichen Ereignis, das weitreichende Folgen nach sich ziehen sollte: Ein Soldat aus der Truppe des Narváez war mit Pocken infiziert gewesen, an welchen die Azteken in der folgenden Zeit zu Tausenden elendiglich zugrunde gehen sollten, da sie im Gegensatz zu den Spaniern gegen diese Krankheit keine Immunität entwickelt hatten (vgl. Prem 1999: 113).

Als die Azteken damit begannen, den Spaniern keine Nahrungsmittel mehr zur Verfügung zu stellen und den Markt von Tlatelolco schlossen, sah sich Cortés gezwungen, Cuitlahuac, einen Bruder Motecuzomas, freizulassen, welchen er zuvor gefangen genommen hatte, um Motecuzoma dazu zu bewegen, den Markt wieder aufzumachen. Cuitlahuac stellte sofort ein Heer auf, um die Spanier endlich aus dem aztekischen Reich zu vertreiben. Cortés jedoch drängte Motecuzoma dazu, sein Volk zu beruhigen. Dies gelang Motecuzoma jedoch nicht. Im Gegenteil: Sein Volk beschimpfte und beschoss ihn. Kurz darauf starb er (vgl. Prem 1999: 114). Über die Ursache seines Todes ist sich die Forschung nicht einig. Es gibt Quellen, in denen ein Stein, der von einem wütenden Einwohner Tenochtitlans auf Motecuzoma geschleudert worden sein soll, seinen Tod hervorrief (vgl. Mexiko-Lexikon: Moctezuma II). In anderen Quellen wurde er von besagtem Stein nur leicht verletzt und soll somit unter mysteriösen Umständen gestorben sein (vgl. Prem 1999: 114). Ich vermute, dass es gar nicht so unwahrscheinlich ist, dass die Spanier bei seinem Tod ihre Hand im Spiel hatten. Mit Sicherheit wird man es aber vermutlich niemals wissen.

Ende Juni 1520 schließlich flohen die Spanier nachts aus der Stadt; sie bezahlten diese Aktion jedoch mit dem Leben vieler Soldaten. Sie wandten sich daraufhin nach Tlaxcallan[9], wo sie von der dortigen Bevölkerung freundlich aufgenommen wurden. Insgesamt überlebten lediglich ca. 450 Spanier (vgl. Prem 1999: 114).

Angesichts der Schwächung der Spanier hätten die Azteken nun eigentlich versuchen sollen, diese endgültig aus dem Land zu vertreiben. Ihnen blieb nicht mehr viel Zeit: Ein großer Teil der Bevölkerung war bereits den Pocken erlegen; auch Cuitlahuac, welcher zum neuen Herrscher Tenochtitlans ausgerufen worden war, starb an dieser Krankheit. Ein Mann namens Cuauhtemoc wurde zu seinem Nachfolger bestimmt. Die Azteken bemühten sich, die Tarasken[10] von Michhua'can sowie Tlaxcallan als Bündnispartner zu gewinnen, ein Unterfangen, das ihnen jedoch nicht gelang, da viele Stadtstaaten des aztekischen Reiches und der angrenzenden Gebiete hofften, die Azteken zusammen mit den Spaniern endlich besiegen zu können. Tetzcoco erklärte sogar ganz offen seine Gefolgschaft für die spanischen Conquistadoren (vgl. Prem 1999: 114).

Zur selben Zeit besserte sich die Situation der Spanier wieder, da Schiffe mit Verstärkung angekommen waren. Cortés war sogar in der Lage, noch eine zweite Stadt zu gründen, die er Segura de la Frontera nannte und von der aus er das Land weiter erkundete. Die Völker, auf die er dabei stieß, behandelte er mit äußerster Grausamkeit. Angesichts der militärischen

---

[9] Tlaxcallan: von den Azteken unabhängige Region (vgl. Prem 1999: 144).
[10] Tarasken: Unabhängiges mexikanisches Volk, welches weder von den Azteken unterworfen noch von diesen zu Tributleistungen gezwungen worden war (vgl. Mexiko-Lexikon: Tarasken).

Erfolge, welche die Conquistadoren zu verzeichnen hatten, beschlossen immer mehr Provinzen des aztekischen Reiches, sich auf deren Seite zu stellen (vgl. Prem 1999: 114/115). Ende des Jahres 1520 schließlich machten sich die Spanier, welche sich in der Zwischenzeit wieder erholt und zudem ihr Heer vergrößert hatten, wieder auf den Weg nach Tenochtitlan. Zunächst eroberten sie die kleineren Städte, welche nahe der Hauptstadt am Seeufer lagen, womit diese von der Außenwelt abgeschnitten wurde und Versorgungsschwierigkeiten bekam. Wirklich erstaunlich ist die Zusammensetzung von Cortés Heer: Lediglich 513 Soldaten waren Spanier, während die mit ihnen verbündeten Indianer über 300 000 Kopf stark waren. Im April 1521 begann die Eroberung Tenochtitlans. Am 13. August schließlich gelang es den Belagerern, auch den letzten Widerstand zu brechen und Cuauhtemoc gefangen zu nehmen. Damit gehörte das Reich der Azteken der Vergangenheit an. Das eroberte Gebiet wurde in Neuspanien (*Nueva España*) umbenannt (vgl. Prem 1999: 115).

4.3 Fazit

Der Untergang der Maya gestaltete sich vor allem in einem Sinne anders als der Untergang der Azteken: Er ging in zwei Etappen vonstatten. Ab dem Ende des achten Jahrhunderts, also zu einem Zeitpunkt, an welchem es noch Jahrhunderte dauern sollte, bis sich die Hochkultur der Azteken überhaupt entwickelte, fiel die Maya-Hochkultur des zentralen Tieflandes durch die Ankunft fremder Völker dem fast völligen Niedergang anheim. Der Norden prosperierte zunächst, und der Zerfall der Hochkultur zog sich hier noch bis ins dreizehnte Jahrhundert hin, doch ab diesem Zeitpunkt war er auch hier zu spüren. Doch waren es nicht nur externe, sondern auch eine Reihe von internen Ursachen, welche für den Untergang der klassischen Maya-Kultur verantwortlich zeichneten. Man vermutet, dass die Struktur des Reiches durch zahlreiche Kriege und wahrscheinlich auch Revolten geschwächt worden war, was es den eindringenden Völkerscharen natürlich erleichterte, die Maya zu verdrängen. Als die Spanier Amerika betraten, war die Zeit der klassischen Maya-Hochkultur des Tieflandes somit schon seit langem vorbei. Anders bei den Azteken: Deren Hochkultur hatte sich erst ca. zwei Jahrhunderte vor der Ankunft der Conquistadoren entwickelt. Als die Spanier auf die Azteken trafen, befanden sich diese auf dem absoluten Höhepunkt ihrer Macht.

Der Prozess der Eroberung durch die Spanier lief dann bei beiden ähnlich ab. Die Maya hatten zwar einige Jahre länger Schonfrist als die Azteken, da sich die ersten Eroberer nicht lange auf Yukatan aufhielten und sich zunächst der Eroberung Zentralmexikos widmeten; doch dies nützte den Maya nicht viel, sie gewannen dadurch nur ein paar Jahre. Auffällig ist, dass die Spanier bei der Eroberung beider Reiche eine ähnliche Strategie anwandten. Im

Laufe des Eroberungsfeldzuges gründeten sie spanische Städte, um eine bessere Kontrolle über das Land ausüben zu können und suchten zugleich, das Vertrauen verschiedener indianischer Völker und somit Verbündete für den Krieg zu gewinnen. So befreundete sich Montejo beispielsweise mit den Batab und den Mani und Cortés mit den Totonaken. Dies führte dazu, dass die Spanier bei ihrem Vernichtungsfeldzug gegen die Maya bzw. Azteken indianische Verbündete hatten, wodurch ihr Heer über weitaus mehr Soldaten verfügte als bei ihrer Ankunft in Amerika. Hier verstanden es die Spanier, die verworrene Situation der indigenen Reiche auszunützen. Wie oben bereits erwähnt, verfügten weder Maya noch Azteken über einen klar definierten Staat, sondern über eine Vielzahl von Stadtstaaten, die sich teilweise untereinander bekriegten und die sich oftmals gar nicht wirklich zum gesamten Reich zugehörig fühlten, wodurch es den Conquistadoren ein Leichtes war, die verschiedenen Gruppierungen gegeneinander auszuspielen.

Zusammenfassend lässt sich sagen, dass der Untergang der Maya ein langsamer, Jahrhunderte währender Prozess war, während der der Azteken jäh einsetzte und kurz darauf abgeschlossen war. Im Prinzip waren also für Untergang der Azteken ausschließlich die Spanier verantwortlich (wobei die Bereitwilligkeit der verschiedenen indigenen Völker, die Conquistadoren zu unterstützen, natürlich auch sein Teil dazu beitrug), während der Untergang der Maya-Hochkultur eine Kombination aus der Einwanderung fremder Völker und einer Schwächung der internen Struktur des Reiches war, sodass hier die Spanier zwar eindeutig die Verursacher des Unterganges der Maya-*Kultur*, jedoch nicht der *Hochkultur* waren.

5 Maya und Azteken heute

Die Situation nach der Conquista war bei Maya und Azteken im Prinzip ähnlich. Nach der endgültigen Eroberung der indigenen Reiche wurden Yukatan und Mexiko systematisch in Verwaltungs- und Rechtsbehörden unterteilt (vgl. Riese 2002: 120/121 und Prem 1999: 117/118). Das so genannte Encomienda-System wurde etabliert (vgl. Prem 1999: 119), welches sich definiert als „unter der spanischen Kolonialherrschaft eine Form der Zwangsarbeit der indigenen Bevölkerung" (Mexiko-Lexikon: Encomienda), also im Prinzip - obwohl nicht als solche bezeichnet - fast eine Art legitimierter Sklaverei, bei welcher die Indianer unter oft unmenschlichen Bedingungen für die Weißen arbeiten mussten (vgl. Mexiko-Lexikon: Encomienda). Hinzu kam, dass viele Indianer an europäischen Krankheiten starben oder bei Eroberungszügen ums Leben kamen, sodass es zu einem drastischen Bevölkerungsrückgang kam (vgl. Prem 1999: 119).

Man kann also sagen, dass sich nach der Eroberung durch die Spanier die Situation der indigenen Bevölkerung dramatisch verschlechterte und sie nicht nur eines Großteils ihrer kulturellen Identität beraubt, sondern auch von den Europäern ausgenutzt und ausgebeutet wurden und sich zudem ihre Zahl drastisch verringerte.

Doch obwohl es den Europäern gelungen ist, der indigenen Bevölkerung relativ umfassend ihre eigene Lebensweise aufzuzwingen, gibt es allerorts vor allem in ländlichen Gegenden heute noch Nachfahren der Maya und Azteken, welche nicht gewillt sind, ihre Traditionen gänzlich aufzugeben. Beispielsweise gibt es auch heute noch auf Yukatan so genannte Zauberpriester (*Hmen*) (vgl. Riese 2002: 122-125) und in Mexiko-Stadt gibt es die so genannten *concheros*, junge Männer, die an verschiedenen Stellen der Hauptstadt traditionelle indianische Tänze aufführen (vgl. Löwer 1992: 61-68). Doch trotz dieser positiven Tendenzen sind viele Indianer Mexikos täglich mit ungeheurem Leid konfrontiert. Sie werden von der Gesellschaft marginalisiert und ausgebeutet, und viele müssen ihre Heimatdörfer verlassen, da sie dort ihre Familie nicht mehr ernähren können, und nach Mexiko-Stadt ziehen. Doch auch dort bessert sich ihre Situation nur kaum merklich; zwar verdienen sie dort mehr als in ihren Heimatdörfern, doch müssen sie nun in Elendsvierteln um ihr Überleben kämpfen. Die Indianer in den Großstädten wissen oftmals kaum mehr etwas von der Kultur ihrer Vorfahren; ihr primäres Ziel ist es, irgendwie zu überleben (vgl. Löwer 1992: 30-46).

6 Schlussbetrachtung

Zusammenfassend lässt sich sagen, dass zwischen Maya und Azteken sehr viele Gemeinsamkeiten, jedoch auch einige Unterschiede bestanden. Beide waren im heutigen Mexiko angesiedelt, jedoch in unterschiedlichen Regionen. Während die Azteken in der zentralmexikanischen Hochebene lebten, waren die Maya im Süden und Südosten Mexikos sowie in Guatemala, Belize und in Teilen von Honduras und El Salvador zu finden. Überdies war die Hochblüte der Maya-Kultur in der Epoche der Klassik von 250 bis 900 n. Chr. anzusiedeln, während man über die Azteken erst ab dem 14. Jahrhundert gesicherte Kenntnisse hat. Trotz der Tatsache, dass sich beide im heutigen Mexiko befanden, waren sie also sowohl geographisch als auch zeitgeschichtlich voneinander getrennt. Zwar existierten die Maya zur Zeit der Hochblüte der Azteken noch, jedoch war die Zeit der Hochkultur des zentralen Tieflandes, für welche die Maya berühmt sind, zu dieser Zeit schon längst vorbei. Bedenkt man dies und vergegenwärtigt man sich, dass somit vermutlich kein oder kaum Austausch zwischen Maya und Azteken stattgefunden haben kann, so ist man doch erstaunt, wenn man sich die kulturellen Gemeinsamkeiten zwischen beiden Völkern vor Augen führt.

Beide hatten eine hierarchische Gesellschaftsstruktur und eine ähnliche Religion, beide verfügten über ein Schrift-, Zahlen- und Kalendersystem und bei beiden war – höchstwahrscheinlich zumindest, siehe 3.1.6 und 3.2.6 - die Darbringung von Menschenopfern von zentraler Bedeutung. Man kann sich dies jedoch damit erklären, dass beide Kulturen Nachfolger der Olmeken waren, welche sich geographisch genau in der Mitte zwischen Maya und Azteken befanden.

Betrachtet man die Situation heutiger Indianer, so muss man leider sagen, dass zwar noch Nachfahren der Maya und Azteken existieren, diese jedoch ein kärgliches Dasein am Rande der Gesellschaft fristen müssen. Zwar ist noch ein kleiner Rest der früheren Traditionen vorhanden, doch ist dies nur ein schwaches Aufblitzen einstmals gigantischer Kulturen. Man muss sich also eingestehen, dass die großartigen Hochkulturen der Maya und Azteken wirklich fast gänzlich vernichtet worden sind. Was wir heute tun können, ist die Erinnerung an Maya, Azteken und die anderen indigenen Kulturen zu bewahren, damit sie nicht in Vergessenheit geraten, und uns vergegenwärtigen, welch großartiges kulturelles Erbe durch die Europäer vernichtet worden ist.

7 Quellenverzeichnis

a) Literatur

Löwer, Hans-Joachim (1992): *Wir sind noch nicht gestorben: Inka, Maya, Azteken Einst-Jetzt*. Nürnberg: Verlag Das Andere.

Prem, Hanns J. (^{2}1999 [^{1}1996]): *Die Azteken: Geschichte, Kultur, Religion*. München: C.H. Beck Wissen.

Riese, Berthold (^{4}2002 [^{1}1995]): *Die Maya: Geschichte, Kultur, Religion*. München: C.H. Beck Wissen.

Taube, Karl (1994): *Aztekische und Maya-Mythen*. Stuttgart: Reclam.

b) Internet

Die Indianer in Nord-, Mittel- und Südamerika: *Die Maya – Aufstieg und Fall der Maya-Staaten*.
http://www.indianerwww.de/indian/maya_aufstieg_fall.htm
(online, 26.03.2010).

Die Mayas – Geschichte der faszinierendsten Kultur in Amerika: *Maya-Krieger*.
http://www.mayainfo.de/maya-krieger.html
(online, 24.02.2010).

Die Mayas – Geschichte der faszinierendsten Kultur in Amerika: *Maya Ziffern*.
http://www.mayainfo.de/maya_ziffern.html
(online, 24.02.2010).

Indianer-Welt: *Azteken - Die Schrift*.
http://www.indianer-welt.de/meso/aztek/aztek-schrift.htm
(online, 20.03.2010).

Indianer-Welt: *Azteken – Zeittafel*.
http://www.indianer-welt.de/meso/aztek/aztek-zeit.htm
(online, 21.03.2010).

Indianer-Welt: *Die Kultur der Olmeken*.
http://www.indianer-welt.de/meso/olmek/index.htm
(online, 06.04.2010).

Indianer-Welt: *Maya – Mythologie*.
http://www.indianer-welt.de/meso/maya/maya-gott.htm
(online, 22.02.2010).

Indianer-Welt: *Maya – Überblick*.
http://www.indianer-welt.de/meso/maya/maya-allg.htm
(online, 19.03.2010).

Mexiko-Lexikon: *Azteken (Hochkultur) – Geschichte.*
http://www.mexiko-lexikon.de/mexiko/index.php?title=Azteken_%28_Hochkultur_%29#Geschichte
(online, 14.04.2010).

Mexiko-Lexikon: *Campeche (Stadt).*
http://mexiko-lexikon.de/mexiko/index.php?title=Campeche_%28Stadt%29
(online, 07.03.2010).

Mexiko-Lexikon: *Encomienda.*
http://mexiko-lexikon.de/mexiko/index.php?title=Encomienda
(online, 09.03.2010).

Mexiko-Lexikon: *Götter der Maya.*
http://mexiko-lexikon.de/mexiko/index.php?title=G%C3%B6tter_der_Maya
(online, 22.02.2010).

Mexiko-Lexikon: *Huaxteken.*
http://mexiko-lexikon.de/mexiko/index.php?title=Huaxteken
(online, 27.02.2010).

Mexiko-Lexikon: *Kukulcán.*
http://mexiko-lexikon.de/mexiko/index.php?title=Kukulc%C3%A1n
(online, 22.02.2010).

Mexiko-Lexikon: *Maya Epocheneinteilung.*
http://www.mexiko-lexikon.de/mexiko/index.php?title=Maya_Epocheneinteilung
(online, 17.02.2010).

Mexiko-Lexikon: *Maya (Hochkultur) - Geographische Eingrenzung der Mayawelt.*
http://mexiko-lexikon.de/mexiko/index.php?title=Maya_%28Hochkultur%29#Geographische_Eingrenzung_der_Mayawelt
(online, 19.04.2010).

Mexiko-Lexikon: *Maya (Hochkultur) – Gesellschaftsordnung.*
http://mexiko-lexikon.de/mexiko/index.php?title=Maya_%28Hochkultur%29#Gesellschaftsordnung
(online, 18.03.2010).

Mexiko-Lexikon: *Maya (Hochkultur) – Religion.*
http://mexiko-lexikon.de/mexiko/index.php?title=Maya_%28Hochkultur%29#Religion
(online, 22.02.2010).

Mexiko-Lexikon: *Maya (Hochkultur) – Zeitliche Abschnitte.*
http://mexiko-lexikon.de/mexiko/index.php?title=Maya_%28Hochkultur%29#Zeitliche_Abschnitte
(online, 18.03.2010).

Mexiko-Lexikon: *Menschen aus Mais.*
http://mexiko-lexikon.de/mexiko/index.php?title=Menschen_aus_Mais
(online, 22.02.2010).

Mexiko-Lexikon: *Menschenopfer.*
http://mexiko-lexikon.de/mexiko/index.php?title=Menschenopfer
(online, 22.02.2010).

Mexiko-Lexikon: *Menschenopfer der Azteken.*
http://mexiko-lexikon.de/mexiko/index.php?title=Menschenopfer_der_Azteken
(online, 22.02.2010).

Mexiko-Lexikon: *Menschenopfer der Maya.*
http://mexiko-lexikon.de/mexiko/index.php?title=Menschenopfer_der_Maya
(online, 22.02.2010).

Mexiko-Lexikon: *Mesoamerika.*
http://www.mexiko-lexikon.de/mexiko/index.php?title=Mesoamerika
(online, 24.02.2010).

Mexiko-Lexikon: *Moctezuma II.*
http://mexiko-lexikon.de/mexiko/index.php?title=Moctezuma_II.
(online, 21.03.2010).

Mexiko-Lexikon: *Náhuatl.*
http://mexiko-lexikon.de/mexiko/index.php?title=Nahua
(online, 04.03.2010).

Mexiko-Lexikon: *Olmeken.*
http://mexiko-lexikon.de/mexiko/index.php?title=Olmeken
(online, 24.02.2010).

Mexiko-Lexikon: *Quiché.*
http://mexiko-lexikon.de/mexiko/index.php?title=Quich%C3%A9
(online, 07.04.2010).

Mexiko-Lexikon: *Stele.*
http://mexiko-lexikon.de/mexiko/index.php?title=Stele
(online, 18.02.2010).

Mexiko-Lexikon: *Tarasken.*
http://mexiko-lexikon.de/mexiko/index.php?title=Tarasken
(online, 02.04.2010).

Mexiko-Lexikon: *Texcoco-See.*
http://mexiko-lexikon.de/mexiko/index.php?title=Texcoco-See
(online, 05.04.2010).

c) Grafiken

Indianer-Welt: *Maya – Landkarte.*
http://www.indianer-welt.de/meso/maya/maya-land.htm
(online, 20.04.2010).

Palomino, Michael (2005): *Der Amerikanische Holocaust in Mexiko.*
http://www.geschichteinchronologie.ch/kol/kol03-4_amerikanischer-holocaust-Mexiko.htm
(online, 22.03.2010).

Planet Wissen: Politik/Geschichte: *Maya – ein ewiges Rätsel.*
http://www.planet-wissen.de/politik_geschichte/voelker/maya/img/intro_maya_karte_g.jpg
(online, 24.02.2010).

Wikipedia: *Indigene Völker Mittelamerikas und der Karibik.*
http://de.wikipedia.org/wiki/Indigene_V%C3%B6lker_Mittelamerikas_und_der_Karibik
(online, 22.03.2010).